ABILITY
BREAKTHROUGH

能力突围

30条破局法则
做1%的领跑者

焱公子◎著

中国友谊出版公司

图书在版编目（CIP）数据

能力突围 / 焱公子著 . —— 北京：中国友谊出版公司，
2020.6（2020.7 重印）
　ISBN 978-7-5057-4861-3

　Ⅰ . ①能… Ⅱ . ①焱… Ⅲ . ①职业选择－通俗读物
Ⅳ . ① C913.2-49

中国版本图书馆 CIP 数据核字 (2019) 第 300371 号

书名	能力突围
作者	焱公子
出版	中国友谊出版公司
发行	中国友谊出版公司
经销	新华书店
印刷	河北鹏润印刷有限公司
规格	880×1230 毫米　32 开
	8 印张　156 千字
版次	2020 年 6 月第 1 版
印次	2020 年 7 月第 2 次印刷
书号	ISBN 978-7-5057-4861-3
定价	46.80 元
地址	北京市朝阳区西坝河南里 17 号楼
邮编	100028
电话	(010) 64678009

前　言

2015 年 9 月下旬，我从华为裸辞，跨界创业，周围一直充斥着各种声音。彼时，我已在通信圈沉浮 10 年，在业内来说，也算是个资深人士，待遇不菲。很多人钦佩我的勇气，更多人不能理解我这"荒唐"的决定。

于我而言，我只是想尝试一个全新的活法，让生命翻开一页新的篇章。我坚信，自己能成。

这样的笃定，源于我工作 10 年间，不断突破自己所取得的成就及外界持续的正向反馈。

我在 2005 年本科毕业，进入的第一家公司是外企爱立信，月薪 4000 元。当时北京的消费还没有那么高，去掉日常开销，我每月大概能攒下来 2000 元。但就算是这样，一年我也才能攒下 2 万多元，仅够春节回一次老家、孝敬一下父母就没了。真的太少了。

我请教带我的师傅：怎样可以赚更多的钱？我师傅随手甩过来几个任务，淡漠地说：那你得先证明你值这个钱。

如何证明？我要怎么做？我一头懵。

毕竟是初生牛犊，我连续加了两周班，熬了几个通宵，厚着脸皮向师傅和好几个资深同事求助。终于，在截止日期前，我圆满搞定了他额外安排的那几件事。

师傅点点头，对我另眼相看。

我把过程细细记录下来，包括他们教我的、我自己观察和学会的，写进一个复盘笔记本。在本子上，我记下了师傅那句话，因为我意识到，那就是混好职场最核心的逻辑：**想要更多钱，你就先证明自己值这个钱。**

在整个实习期，包括接下来的数年内，我都一直在靠近牛人，观察牛人，甚至主动举手，跟他们一起做项目。

比如，尽管我只是个技术岗员工，却愿意承担部门的会议纪要、协助上级做新员工的英文面试、跟销售一起给客户做售前引导等工作。

这些本职工作以外的事，让我真切感受到职场精英们的行事有效，的确是有一套方法的，我试着揣摩、拆解、学习并运用，显著加速了我的升职加薪之路。

我是新员工中第一个转正的，到年底时，我获得了优秀员工的称号。第二年中旬，我的职位由助理顾问升级为正式顾问。第三年，我被任命为 TL（项目组长）开始带团队，加上各项补助和奖金，每月实际收入超过 1.5 万元。三年时间，我的收入上涨了 3 倍多。随后的每一年，都有比较明显的涨幅。工作第 10 年，我离职创业时，年收入在50 万元左右。

在这期间，我没有提过一次加薪，都是上级为我加的。他们认为，我是值这个钱的。

回顾过往的职场路，我认为一个人想要快速融入新环境，获得成长与跃迁，至少得让自己具备以下 4 个核心能力：

第一，学习力。

时代瞬息万变，自己并非离开大学就可以不再学习，事实上，社会才是最好的大学。没有旺盛的学习力，不懂得根据实际情况更新迭代自己的知识库，一定会很快遇到天花板。

第二，胜任力。

判断一个人该不该升职加薪，唯一的硬标准是胜任力，即你是否能够清楚地理解并胜任当前的岗位需求。不折不扣的执行力和自我管理能力，是具备良好胜任力的前提。

第三，沟通力。

酒香不怕巷子深的时代早已过去，做出了成绩如何说？年终总结如何汇报？想让其他同事配合如何协商？你够不够专业，有时候一开口就知道了。

第四，协作力。

现代职场，面对复杂多变的内外部环境，一腔孤勇不再值得推崇，我们更倡导的是团队合作精神。一个人是否善于与别人协作，其核心考究的是他的情商高低。

结合我自己在世界企业 500 强里 10 年的蜕变之路，我将这 4 种能力总结成"高效沟通""人际情商""自我管理""认知迭代"4 大模块，即是本书的核心内容。

在这些能力上的刻意锻炼，让我快速完成了收入的跃迁，避过了公司两次大裁员，也积攒了充裕的创业资本和信心。

这些，也是我如今得以顺利跨界，持续精进的底层逻辑。

感谢你购买这本书，希望你能喜欢，并能真正在书中学到实战技能，从而在职场、学习与生活中，更加得心应手。

为让你有更好的阅读体验和收获，我想给你3个小建议：

1. 阅读书中的小故事后，可联系自身实际，写一写小心得、小感悟。时时翻看，时时复盘。请相信，日拱一卒的力量是非常强大的。

2. 关注微信公众号"焱公子"，通过持续查阅每天推送的文章，以多元化的视角，来丰富职场认知，进而运用到实际工作中。当然，我们非常欢迎你投来稿件，乐于发表你的好文章。

3. 关注微信公众号"焱公子"，在后台回复关键词"能力突围"，可以得到本书的思维导图与配套PPT。当然，如果你还需要更好的学习氛围以及老师的点评和助力，欢迎来我的线上特训营。

通过在线课程的学习，不但可以得到老师线上讲解和手把手的答疑辅导，还有助教老师一对一地点评，特别是你会接触到非常多优秀的同学，彼此间能相互启迪、共同增益。

一个人走得快，一群人走得远，欢迎你一起来抱团，持续成长。

最后，希望书中的小故事，能对你有所帮助，感恩你的喜欢。

焱公子

目　录

C O N T E N T S

Part 1

高效沟通

你的脑中有千万种想说的，但交付出一个极简的思考结果，清晰有力地表达给对方，才是有效沟通。

费廖洛定律中说，级别越高的人越没有时间听详细的解释。高层想要的只是最终答案，结构化思维正是一种输出极简结果的高效思考模型。

Part 2

人际情商

> "待人友善是修养，独来独往是性格。"
>
> 一个人，不人云亦云，不委曲求全，活得自在又独立，才会吸引同频，找到真正让自己感觉舒适，并能相互成就的社交关系。

Part 3

自我管理

出色完成本职工作，力所能及地保持清醒；与人为善，避免平庸，持续学习；守住自己，不吝付出。这就是最好的规矩。

持续成长的你，一定不会被时代淘汰，不会变成自己讨厌的模样。这样的你，无论走到哪里，都只是为自己打工。

Part 4
认知迭代

幸运的反面并非厄运，我们大多数人都处在幸与不幸中间，生活平淡。

靠彩票一夜暴富的人之所以成为大新闻，就是因为暴富只是小概率事件。更多的人生高光，只有靠亲力亲为、实实在在的行动，以及持续的付出与学习的心态。

Part 1

高效沟通

　　你的脑中有千万种想说的，但交付出一个极简的思考结果，清晰有力地表达给对方，才是有效沟通。

　　费廖洛定律中说，级别越高的人越没有时间听详细的解释。高层想要的只是最终答案，结构化思维正是一种输出极简结果的高效思考模型。

30秒搞定一个人：善用5个字，你也能开口就赢

前两天碰到贾杰，他正在找工作，聊起离职原因，满脸愤懑。

"我花了大量时间找资料，熬夜写了好几页文案，方方面面都考虑到了，老板却说冗长、抓不住重点。小张只交了一页纸，就得到认可。这已经不是第一次了，之前也多次出现这种情况。老板总说我写得太不着重点。问题是，我没有功劳，也有苦劳吧？我那么努力，他都没看到吗？跟着这种老板也没意思，不干了。"

在职场中，像贾杰这种情况其实常常能见到。

比方说，汇报要做PPT。

你苦熬几个晚上，做得图文并茂。当汇报开始，台下却没有几个人认真听，要么开小差，要么昏昏欲睡，老板也满脸不耐烦。

再比方说，完成项目要做总结陈述。

你还没说到10分钟，老板就开口："不用念了，我问几个问题，你来回答吧。"最后，写好的汇报变成无用功。老板还觉得没有听到他想要的信息，指责你工作能力不强。

职场上，正确沟通的重要性远远超出我们的想象。

多数情况下，想要快速提升沟通力，需要花费大量时间去学习和思考，才能慢慢形成自己的解决方法和技巧。

但美国知名培训师迈克·费廖洛告诉我们，建立"结构化思维"，可以让你快速掌握、提升沟通力。他曾任职于世界知名咨询公司麦肯锡，**"结构化思维"正是来自于世界顶尖咨询公司的高效工作法。**

有一个"黄金30秒"的电梯测试，说的是：

某销售员多次约见一位客户经理，却一直没有进展。

有一天，在机缘巧合下竟跟该经理同乘一部电梯。要怎样在电梯升降的30秒内，让他对自己产生兴趣？

销售员立刻在脑中思考，自己需要一个最简洁又最打动对方的观点。

最后，他把握住了黄金30秒，说了以下的话：

"××您好，我是××公司的××。我们的××产品，能帮助您在原有的业绩上提升15%销售额。您若有兴趣，我们可以详谈。"

你的脑中有千万种想说的，但交付出一个极简的思考结果，清晰有力地表达给对方，才是有效沟通。

费廖洛定律中说，级别越高的人越没有时间听详细的解释。高层想要的只是最终答案，结构化思维正是一种输出极简结果的高效思考模型。

同样一个方案，在应对不同职能的诉求时，我们的常规方式是用数据得出结论。

结构化思维是根据科学的研究方法并进行简化，它改变了我们以往固有的思维方式，让你能快速抓住对方注意力。

极简结果，能轻松对不同沟通对象呈达效果。

"普通思维"从发现问题到解决问题，一般有 5 个步骤：

- 发现问题并分类。
- 设定具体课题。
- 找出替代方案。
- 评估替代方案。
- 总结陈述，做出决策。

"结构化思维"分为 9 个步骤（如图）：

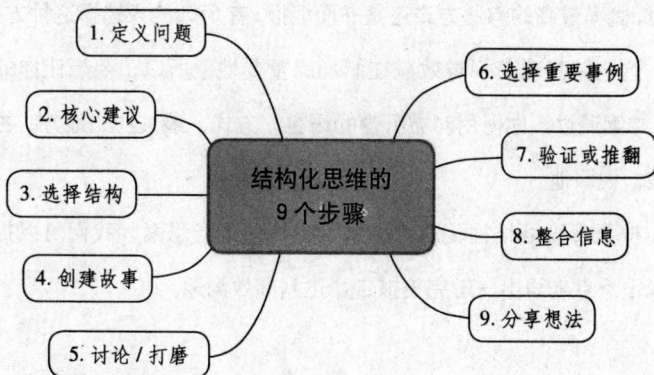

我们在工作中不一定都会运用到 9 个步骤，但掌握了这几个步骤，便可以融合运用。

首先，我们要明白：现代社会节奏越来越快，碎片化信息越来越多，势必对工作效率提出高要求。

其次，沟通是双向的，如果用书面交流，你的结构篇幅安排合理，写得大而全也没关系。对方看懂了会跳过，不懂会继续看。但在大多数情况下，双方沟通是面对面、即时性、需要口头转述的，就不太可能存在"跳过"。

那么，就不能以"准确表达自己"为前提，**而应该以"对方能接收多少信息"为前提**。

所以，这就很容易解释：领导不关心你有多辛苦寻找数据证据佐证，他只关心解决问题的办法是什么。

最后，职场沟通方式包括面谈、语音信息、电子邮件、备忘录、报告、PPT 等，取决于核心决策者的习惯和喜好。换言之，老板爱看电子邮件，你再擅长做 PPT 也要遵从他的习惯。但咨询师们通过调研，概率最高的沟通方式还是书面汇报，有 65% 的人选择这种方式。

这也就意味着视觉效应在职场的重要性。所以，要想让你的报告 / 文案通过，你得用对方听懂的语言、方式、最关注的地方，去打动他、说服他。

按照费廖洛结构化思维的 9 个步骤来进行思索，我们可以提取出以下 6 点来写出一份完美报告，达到高效沟通。

1.标题

将问题准确定义，取一个让人一目了然的好标题。好标题，就是你的"核心建议"，要清晰明白，有"抓人效果"。

2.提要

撰写简洁的内容提要，在一页上展现你的整个方案。看内容提要，就能看出整份报告的逻辑。可以用这种写法：背景介绍—形势变化—核心建议。

3.结构

采用框架式报告主体，以假设为主，对你想要表达的观点进行分析，并佐以事实作为论据支撑。需要注意的是：统一措辞，减少语言的歧义性。

层形结构，适合缺乏相关背景知识或是抵触你建议的沟通对象；列形结构，适合熟悉方案或是不需要你提供所有信息的沟通对象。

4.清单式风险和机遇

列出方案的风险可控性。

5.条目式计划

以条目的方式，列举 3~10 个标志事件，具体说明行动内容和计划时间。

6. 附录

这是备用资料库，用来应对做报告时遇到的细节问题。大多数情况下，不需要向沟通对象呈现。

总的说来，一份好的报告，既要洞察问题的本质，又能思考沟通对象的目标，进而提出一个直接明了的建议。

根据实际情况利用"结构化思维"9个步骤思索做出的提案，说服力更强，也更容易被通过。用在日常的职场工作沟通中，观点更容易让他人接受和认可。

有句话说，比你优秀的人，不是比你更聪明，而是比你更会优化思维。

把结构化思维变成日常习惯，运用好9步骤，你就能快人一步，有效提升沟通力。

汇报就是说实情？难怪老板不喜欢你

某天我去签合同，正巧又看到老同事安妮在批评人。

等那个满面通红的小姑娘转身离开后，我笑着问安妮："又是她？我几次来都碰到你批评她，这好像已经是第三还是第四次了？"

安妮直摇头，说她太"小白"。她调出邮件给我看，我立刻就理解了她的无奈。

小姑娘用一周的时间去做线下调研，然后给安妮发了一封邮件。

安妮：

经过大量调研，我得到如下有价值信息，现汇总给你：

• ××店，川菜口味的水煮鱼很好吃，吃饭时有 10 多桌都点了。

• ××店，偏粤式风格，连续 3 年获得了美食联盟的诚信商家奖。

• ××店，特色菜有 5 种，口味都不行，不过餐后甜点有 20 种，样子很精致。

• ××店，服务员的服装很有特色，有浓郁的泰国风，曾接受过地方电视台的采访。

……………

安妮带的这一组人，平时负责策划、线下调研，写特色文章。这次选题是打卡饭馆，介绍美食。

安妮郁闷地对我说："你看传来的这一堆，美食主题是什么？食物风格？品相？还是食材？什么分析都没有，新人太不靠谱了。"

小姑娘要怎样汇报，才能切中要点，让上司满意？

现代职场中，搜集一堆信息、数据，不加分析就塞给老板的现象常常出现。**只给事实（信息、数据、图文），缺乏后续行为，让事件无从着手，是职场新人最易踩的坑。**

日本著名经营顾问大石哲之采访了多位曾在咨询行业工作的咨询师，在《靠谱》一书中提出了著名的**"云－雨－伞"思维模型：**

（事实）天空出现乌云；

（分析）眼看就要下雨；

（行动）带上伞比较好。

云 - 雨 - 伞

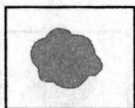  

事实 分析 行动

云 - 雨 - 伞理论是对事实、分析和行动（建议）三者的比喻，是以客观事实为依据，以分析为思维输出形式，以行动为最终的落脚点，它构成了一个完整的思维闭环。

云代表"事实"，是用眼睛实际观察到的情况，谁都能看得到天上有乌云。

快要下雨是"分析"，是从出现乌云推测出来的。

带上伞是"行动"，是从"就要下雨"这个分析中得出来的。

这听起来很高深，但在我们的实际生活中，随处可见。举两个例子：

减肥的女生上秤看到体重增加，就会回想到罪恶来源是今天晚餐吃肉了，于是决定明天晚上绝对不吃肉！再想想，算了，明天连晚饭也别吃了。

云－雨－伞

事实　　　　　分析　　　　　行动

体重增加是事实，思索热量来源于晚餐的肉是对事实的分析，明天不吃晚餐是采取的行动。

> 大冬天，孩子要穿纱裙。（事实）
>
> 妈妈跟宝宝说："穿纱裙的话你会冻感冒的，之后会吃药打针，可难受了。"（分析）
>
> 孩子说："那我穿上毛衣毛裤，然后在外面套上纱裙，这样就不会感冒生病了。"（行动）

由上可知，安妮的那个小姑娘只是摆出事实（信息），没有做出分析，更没有行动建议。所以，任务毫无达成度。

生活中，我们惯于用云－雨－伞思考，但在工作中，我们又常常会遗忘掉这个思维模型，于是就会形成汇报的漏洞。要怎样才能有效运用云－雨－伞，阻截漏洞，为职场添砖助力？

3个常见的汇报漏洞

1. 只提交"乌云"

这是职场新人最常犯的错误，如前文中的小姑娘。她的邮件只给出一些貌似相关的数据和报道（××店连续三年获得美食联盟的诚信商家奖）。

又或者，是从调查的事件中，提炼出了一些观点（特色菜有5种，口味都不行），就草草当作报告上交了。

为什么能拿到诚信商家奖？5种特色菜有哪些？口味不行，是指哪些方面，过咸过辣过于清淡？是食材不行还是烹饪技法不行？评判不行的标准是什么？调研的最后，这一期美食栏目要写什么主题？……

汇报缺乏分析和结论，数据再多、图表再花哨，对解决问题毫无裨益。被上司批评，甚至被驳回重做的可能性自然就非常高。

2. 依据太简单

这个常见错误最核心的地方，在于仅简单参照依据，就做出了评判。

假设出现乌云，说明要下雨，立刻就给出结论：带伞。但并没有仔细想过，即使是快要下雨了，能采取的行动却不止一个。例如，可以根据工作的需要，推迟行程，等雨停了再出发；可以取消出行，改日再办等等。

乌云只是一个参考因素，还应关注事情的紧急程度和下雨的时间长短等等。

在职场上，这是很重要的一点，即你要带着多种行动方案给领导做选择题，而不是让领导做问答题。

3. 混淆意见和事实

我曾经带领学员汇总拆解过阅读量超过 10 万的爆文，有一个学员的信息反馈就是典型的"汇报黑洞"。

他汇总了不少文章，却均无出处。在拆解后，他往往会带一句评价。例如：

评价 1：这篇很鸡汤，让人感觉腻，但现代人就是喜欢喝。

评价 2：标题能突出数字与反差。

评价 3：作者细致的感受能给读者以代入感。

我问他，这些文章涉及多个网络平台，信息来源分别是哪里？这些评价，是平台做出的分析，还是读者或作者的分析？哪些是你自己的分析？如果没有做细致调研，不能分清意见和事实，写下这些结论则没有意义。因为，很有可能你的思考，只是别人思考结论的延续。

换句话说，即你有没有自己独立的思考。这一点，在职场上，至为重要。

真正的职场高手，都是基于事实，透过现象看本质，深入思索，得到属于自己的结论。

妙用云－雨－伞，可用这个有效策略

在了解了汇报上的漏洞后，想要阻截错误，妙用云－雨－伞理论，有一个秘诀：列标题。

汇报时，不管是口头叙述，或是写文章，都把内容分成三部分。并给每份内容添加上一个标题。这样，你就能收获一个清晰的脑图。

标题一：事实、现状。

标题二：我的解释分析。

标题三：推荐的行动方案。

当列好了标题，你的大脑就能快速搭建思考结构网。所有查找到的信息就有了落脚点，能相应放置进脑袋里的"小抽屉"。

后续若有要增加、删改甚至拆分的资料，不管是事实素材，还是个人想法，都可以分门别类，进行归整。

荀子说："不积跬步，无以至千里；不积小流，无以成江海。"

做什么事都要先掌握基础，才能进一步做好。云－雨－伞理论就是一个简单实用的基础模型，如果长期坚持做，你就离高手不远了。

年终总结怎么写？不就写个故事嘛

有一天，表弟问我要年终工作总结模板。

他特别强调，老板说如果写得不好、不到位，年终奖可能被减半。

我问他："参加工作才一年，你怎么这样抵触写总结报告？"

表弟愁眉苦脸又不无抱怨：

"那可不！年底本来就忙，破公司还特别形式主义，一定要写，又要写得漂亮！你说一破报告，千篇一律，还能写出花来？老板可能就是变着法儿的想扣我钱！"

我摇头，笑着说："你的思想有问题啊，这可不是形式主义。"

你以为年终报告是为老板而写？公司和部门这么多人，老板平时哪能个个都注意到？

年终总结，是一次极好的个人展示，为什么不好好把握机会？

一份令老板眼前一亮的年终总结，从没有模板，也不在于版面设计有多好看。

而是，你**如何在有限的篇幅里，最大化凸显自己的工作亮点。**

今天，我们借用故事思维，来聊聊一份好的年终总结，应该长什么样子。

立意：为什么要写年终总结

一个故事是否好看，不光在于人物生动、情节跌宕，更主要的，是立意深远。

比如，《射雕英雄传》之所以激荡人心，绝不仅仅是郭靖黄蓉的恋情描摹，或华山论剑的武技争雄。更多的，是侠之大者、为国为民的民族大义和与外族誓死抗争到底的家国情怀。

一份优秀的年终总结，同样遵循这一规律：立意为先。

下笔之前，我们必须清楚一件事：为什么要写年终总结，且必须得写好？

1. 从个人角度，这是一次对自己极好的复盘

柳传志曾说过，每打一次仗，就针对性地进行复盘，弄清楚仗是怎么打的，胜在哪里，败在哪里。通过多次这样的复盘，水平自然就得到了提高。

复盘是一种能力，它能解决苏格拉底的著名命题：认识你自己。

2. 从职业人角度，这是一次向老板展示的绝佳机会

过去的一年，你做出过哪些亮眼成绩，为公司带来多少贡献？

这些难道不是你来年要求加薪升职，最大的筹码？

所以，年终总结的核心立意是什么？

认识你自己，且让老板进一步认识你。

显然，这句话的前半句比后半句重要得多。

结构：好看的年终总结长什么样子

一篇故事要始终抓住读者，勾着他们，让他们从头看到尾还欲罢不能，首先要做到的一点，叫"文似看山不喜平"。

在信息爆炸的新媒体时代，读者的耐心普遍差。如果开头平平无奇，哪怕后面精彩万分，或许都再没机会让人看到。

老板，会是一家公司里耐心最差的读者。如果你不能在开头吸引他，那后续也再难抓得住他。

从故事思维出发，一份好的年终总结，应该符合"开篇虎头 + 正文猪肚 + 结束凤尾"这样的三段结构。

1. 开篇虎头：直奔主题，简洁归纳核心关键点

我们不妨对比以下两种总结的开篇。

第一种：

我今天汇报内容主要分四部分，

第一部分为整体概要；

第二部分为主要工作成绩；

第三部分为存在不足；

第四部分为总结。

下面我先开始第一部分……

第二种：

我今天的汇报将围绕 3 个数字展开：

销售额增长 30%；

客户满意度提升 2%；

执行成本降低 25%。

这 3 个数字，就是我今年主要的工作结果。

相比第一种的平铺直叙，第二种直接跳过可有可无的铺陈，**将叙述重点完全放在具体结果上。**

既节省了老板时间，也一定更能第一时间激发老板的兴趣。

2. 正文猪肚：有理有据，详略得当阐述开篇结果

正文书写部分非常关键，不仅考验你的逻辑条理、概括归纳能力，更重要的是，它将**全方位展现你的思维模式，及是否具有团队合作意识。**

销售额提升 30%，执行成本还降低了 25%，怎么做到的?

过程中克服了什么困难，翻盘或攻克的关键节点事件是什么？

主要是你个人的功劳，还是团队也发挥了极大作用？

在你汇报过程中，你以为老板听得漫不经心，事实上，如上信息，他早已了然于胸。

3．结束凤尾：用心扣题，延展信息推升报告层次

即便全年均表现优异，成绩可圈可点，也一定要适当总结不足之处，这叫留下进步空间，也能让老板看到你敢于正视自身问题、并没有居功自傲。

又或者，有哪些成功经验、失败教训，是可以拿出来移植到其他项目，做成工具或攻略供其他同事参考，以加快效率或避免踏坑的？

不妨用心总结，一定能让老板眼前一亮。

若做到这一步，你已不仅仅局限于汇报工作本身，而是抽离出来，**站在更高维度，总结通用规律**。

放到故事思维里，这叫**升华主题**。

原则：令老板信服的年终总结，遵循三大原则

一份好看又令老板信服的年终总结，如果说结构是撑起全篇的骨架，原则就是指明了方向和基线。

1. 简约说主要的

从工作分工出发，你负责干活，老板要结果。这天然决定了一个注重细节，一个只看全局。

太琐碎的细节，尤其是技术细节，根本没必要呈现，既拖节奏，又混淆重点，影响老板的耐心。

面对老板，时刻要把节省他的时间放在首位。

简约点，说"主要的"，是第一原则。

2. 客观说事实

很多新人在汇报工作时，最容易犯的一个错误，是把主观感受当作工作陈述。

完成了 3 个项目……

回款 2000 万……

收到了 3 封客户感谢信……

这叫作陈述事实。

我觉得这事儿交给我，也可以做好……

我感觉客户对我印象挺好的……

我认为 ×× 的工作效率低拖了我后腿……

这是在表达主观感受。

但这些事情，不管是否的确如此，在老板面前，都轮不到你来评判。

汇报中，区分"事实"与"感受"，其实很简单。

事实，大多可量化，且加不了"我觉得""我认为"和"我感觉"等词汇。感受，则相反。

3. 大方说同事

这里的"说"，是正面的"说"。

今时今日，早已不是单打独斗的年代，我们更多强调并需要的，是团队作战。

尽管是你自己的工作汇报，但适度展现同事的积极配合，及给予你的关键性帮助，一定能令老板更信服你的工作表现，且对你的团队精神留下深刻印象。

这是一个必得的加分项。

总结：这不仅仅是一篇年终总结攻略

综上，我们看到，尽管文体类型截然不同，但故事与年终总结，其实有很多共通之处。要写好它们，我们需要具备：

用户思维（立意）：我为谁而写。

布局思维（结构）：怎么编排结构，才能始终抓住受众。

利他思维（原则）：始终站在受众角度考虑问题，他们才可能真正喜欢。

我们会发现，掌握了如上的底层思维，你一定可以炮制出一篇还不错的文章。

不论是写故事、年终总结，还是写其他类型的文章，这并不是天赋问题，这只**关乎视角与行动**。

事实上，这世上的许多事，都远未到需要拼天赋的时候。**写文如是，做人，亦如是。**

听懂老板的弦外之音，你就已经超越了 99%的职场新人

我和老李同在一个创业群。前几天，他往群里发了张聊天截图，是一个姑娘应聘他的公司，被拒绝后的吐槽。

老李苦笑着跟我们述说事情原委。公司招聘助理，来了不少面试者。老李出了一道题：半小时内，成功借一台笔记本电脑上来，算面试通过。

老李说，出题原意是想测试应聘者的应变、沟通能力及亲和力。他还专门提示了一句：咱们楼下有很多家公司。

另有两位应聘者很快顺利借到电脑，唯有这位姑娘在时间快到时，气喘吁吁地打来电话，说要延长一点。

老李很奇怪，但同意了。又过了 20 多分钟，姑娘回来了，额上全是汗珠，像是一路跑回来的，手里拿着一部笔记本。

老李问："电脑哪儿来的？"

姑娘微微迟疑："我表姐的，她住得不算太远。"

老李说，其实某一个瞬间，他心头有过一丝恻隐。这姑娘虽然没敢下楼借，但也算够执着，做事也算有执行力，终归是把电脑"借"来了。

"只是，我要的是电脑么？**我要的是一个能够领会意图，灵活高效解决问题的助理！**商业战场上，有时耽误 20 多分钟，事情可能就砸了。这种死脑筋的姑娘，谁敢要啊？"

一直以来，我们都知道在职场上，如何说、说什么非常重要。其实同样重要的，就是如何倾听。尤其是能听懂老板说话，正确办好事情，这样的有效倾听，早已是职场人的必备技能。

该干的一丝不苟，其他的深想细做

有个经典的职场故事。

张三和李四同时工作，领相同的薪水。一段时间后，张三升职加薪，李四没变化。李四问老板，为何厚此薄彼？

老板说："你现在到集市看看，今天有卖土豆的吗？"

李四去了，回来汇报："有一个农民拉了一车土豆在卖。"

"有多少？"

李四被问住，又跑回市集，回来后说："40 袋。"

"多少钱？"

"您又没有叫我问价钱。"李四很委屈。

老板把张三叫来,也叫他去集市看有没有卖土豆的。

张三很快从集市上回来,他向老板汇报:"今天只有一个农民在卖土豆,有40袋,0.25元一斤。质量还不错,价格也便宜,我带了一个回来,您看看需要不?"

张三边说边拿出土豆,"我想这么便宜的土豆一定可以赚钱,根据我们以往的销量,40袋土豆在一周左右就可以卖掉。咱们如果全买下,还可以优惠。所以,我把那个农民也带来了,他现在在外面等您回话……"

著名管理学家马歇尔·多普顿曾提出"多一圈定律"。

他发现德国人做汽车拧螺丝时,会比规定的标准多拧一圈,而法国人出于浪漫不羁的天性,往往少拧一圈。拧螺丝是细小的生产环节,多拧一圈和少拧一圈地不断积累,最终就体现为汽车质量的差异了。

"多一圈定律"说出了优异的成绩大多有一个微不足道的开始。**职场中,人与人的差距也往往就在"多一圈"和"少一圈"。**

多一圈,效果可能就大不一样。尽职尽责完成自己的工作,最多算是称职的员工。要想取得突出成就,你必须比那些人多努一把力,再"多一圈",比自己分内的工作还多做一点点,比别人期待的更多一点点。

听完任务做事情，总能想深一层，做细一点，妥帖周全。身具这种品质，你一定能赢得机遇，获得快速成长。

意图领会过了头，会赔了夫人再折兵

事物皆有两面性，皆怕过犹不及。

不懂体会领导心意，只知无脑执行的员工不让人省心；太懂领导意图，仿若肚子里蛔虫的员工，更不让人省心。

历史上著名的例子，当属三国时期的杨修。他屡屡洋洋得意地表现出自己对曹操心意的精准揣摩。当他再次从一根"鸡肋"看出曹操的退兵意图，并毫不顾忌地告诉夏侯惇时，曹操忍无可忍将之杀死。

他这种作死的行为，就叫作**过度领会**。

混迹职场多年，我见过不少天资聪颖自以为是的"杨修"。

何静是一所"985"名校法语专业的高材生，毕业后进入一家外企，能力突出，深得上司器重。由于年轻，职场发展又过于顺利，何静心高气傲，无形中总把自己当成二把手。

在跟法国一家做茶的公司谈合约时，因为老板只懂英语，对方客户代表一大堆的法语专业词语冒出来，只能靠何静翻译。何静的表现欲上升到了顶点。

她觉得自己已经深刻领会老板的意思，就是要让交易尽早达成。于是，在转述双方意思时"添油加醋"，擅自报低了加工费，承诺若干技术问题可以自行解决。

客户回国后，发来订货合同。老板看了大怒，好几处公司做不到的条款，被何静擅加承诺后列入合同。如果单方毁约，会招来索赔。

经过反复磋商和解释，公司最终象征性赔付了 1 万元，何静随即被辞退。

培根说，有许多世故又会揣摩人脾气性格的人，并不是真正有学问的人。这种人所擅长的是阴谋而不是研究。

这种揣摩到了最后，只会把自己的前途也一并赔进去。

身在职场，要清醒地认识自己的位置，再开明的老板，其包容心也是以公司利益为底线的；不要擅作主张，要永远把做决定的权力留给上司。

能领会领导意图是好事，但将之引为谈资当众炫耀，甚至擅自搞小动作，那就彻底本末倒置了。

听得懂弦外之音，是多做换位思考

我的朋友大熊在知乎写过一个故事。

领导带着新人小 A 和小 C，到咖啡厅去见一个女客户。双方相谈甚欢的时候，领导从钱包掏出 5 元钱，叫他俩出去买包烟。

走出咖啡厅，小 C 说肚子疼，让小 A 自己去买，他要先上厕所。

小 A 拿着钱到了卖烟的地方，这 5 元钱能买什么好烟？他想：领导平时又不抽烟，这回该不是要考验我的办事能力吧？那不能给领导丢面子。

小 A 垫了几十元钱买好了，见小 C 还没回，就自己拿着烟进去，递给了领导。领导看了他一眼，有点惊讶。接过烟后，继续跟客户交谈。

回公司后，人事部找小 A 谈，说他不合适做销售，试用期没过，请他离开。小 A 愣住了，一没犯错，二还垫了钱，为什么被辞退的是自己不是小 C？

小 A 很委屈地找大熊聊，职场老油条的大熊问了他几个问题：

1. 老板缺钱吗？要买东西只给 5 元？

2. 平时不抽烟，为什么现在要叫你们出去买？

3. 咖啡厅里面，客户是女士，客户一直没抽烟，领导抽烟合适吗？

4. 小 C 叫你一个人去买，他自己为什么溜了？

小 A 这才恍然大悟。

领导不是缺钱，也不是想抽烟。他的真正意图，是想把他俩支开，但当着客户的面，又不好意思直接说。

领导当时肯定是想和客户谈一些不希望小 A 和小 C 知道的事情。他后来又直接进去，让领导怎么谈？

职场上，听懂"弦外之音"，是一门需要修炼的技能。

事实上，听懂"弦外之音"，根本用不着什么天赋。买土豆的张三能令老板省心，敢放心把事情托付给他做，无非是他善于站在老板的角度换位思考，而李四仅仅把自己当作一个单纯的执行者，从没有过"老板思维"。

心理学上有换位思考定律。即站在对方的立场上理解对方的想法、感受，从对方的立场来看事情，以对方的心境来思考问题。

比如，老板让你去参加一个高端展会，是真想听你回来说模特多好看，免费茶点多好吃？如果你是老板，一定是希望员工回来说，有多少企业参加，都是什么行业，哪些有对接合作的可能性。

比如，休假时老板亲自打电话，说临时需要你一起帮忙拿个主意。你要换位想一想，你是老板，你这样说是为什么？当然是内心期望员工尽快返岗共同解决问题，以后再休不迟。

比如，你一直在埋头加班，老板突然对你说，有什么困难尽管说。换位想想，为什么会这样说？或许潜台词是，你小子多久没汇报进展了，我心里没底啊，是不是该沟通一下了？

…………

每个入职正规公司的员工，都会拿到相应的 JD（岗位描述），明确界定了你的工作岗位及需要承担的职责。但仅是做好 JD 的人，永远只能打及格，能换位思考，替上级分忧的人，才会是优秀。

比尔·盖茨说，一个公司想发展迅速，得力于聘用好的人才，尤其是需要聪明的人才。

什么是聪明的人才？凡事想深一层，多迈一步，正确领会意图，听懂老板的弦外之音，好好干活专注成长，就是聪明人。

你够不够职业，一开口就知道了

准备充足、时间精准，有助达成高效沟通

上月我去跟一个老企业家谈传记合作，约的下午 2 点，我 1 点 55 分到的。助理接我时说："老板还在开会，不过等咱们上到 30 楼，应该就开完了。"

我客气地回："没开完也没关系，我等一会儿就是了。"

助理抬腕看看表，很笃定："3 分钟内，一定结束。我们老板从不让任何一个客人等。"

出了电梯，将近 60 岁的老人家已站在办公室门口。他微笑对我说："很准时啊，年轻人。"

进了办公室，我将思维导图和大纲草案递过去，开始逐步阐述。刚讲到 1/3，他做了一个暂停的手势。

他指着思维导图上方的红字问："小伙子，这个预计阐述时间

25 分钟，是写给我看的。每部分阐述时间，你心里有预设吗？"

我点点头："有的。"

"第一部分介绍传记选题方向，我预计用 6 分钟来说；第二部分介绍各章节内容，我预计用 10 分钟来说……"

他微笑着听完我的预设，然后轻轻敲了敲桌子："好，签约吧。"

整个过程顺利得让我出乎意料。临走前，他笑着拍了拍我的肩膀："年轻人，时间卡点做得很好，全程没有一句多余的废话，我喜欢。合作愉快。"

签了单子，我很高兴，但更高兴的，是"卡点"得到表扬。

99% 的精准时间，都来源于事前的深度思索与做足功课。

我在见老人家之前，就花了数日，竭尽所能寻找他的创业资料。之后对着几个修订版本的大纲，都分别做了时间分配的阐述演练。

做到卡点，高效沟通，是对彼此时间的最大尊重。我想，这应该是老人家愿意跟我签约的重要原因。

考虑双方立场的沟通，往往更容易获得机会

前几天有个哥们加我同事微信，备注是"商务合作"。通过后，那哥们连续发来 5 条 50 多秒的语音。

同事和我当时在外面，回他说现在不方便听。对方倒是立刻打来文字："那你方便时听，我先说着。我公司很有实力，也很有诚意

跟你合作。"

等我们办完事，同事掏出手机，惊讶又苦笑地举起给我看：两大屏的小红点！

老兄啊，我们不清楚你公司实力到底怎样，但我们理解的诚意，绝不是只顾自己方便，完全不考虑对方状况与时间成本。

像这样**不懂换位思考，只站自己角度进行交流**的人，我相信咱们大部分人都遇到过。

最让人无力吐槽的，应该算是群发私信"朋友圈第一条帮点个赞哦"。那些人不仅群发，有时还会刻意加一句：几秒钟就好哦。你若不点，会遭埋怨：就几秒钟，顺手的事你都不肯帮忙吗？

对，不肯！朋友嘉婕说："**你能不顾我的感受草率请求，我就能直言不讳地拒绝请求。**"

若要我点赞，更职业化的做法，难道不应该是精心打磨朋友圈引导语，引发读者共鸣，让大家发自内心点赞吗？

嘉婕有个闺蜜，是二宝妈。大家都很愿意给她的"第一条"点赞。因为宝妈每次引导语都写得很有意思。

例如想得到一张早教课的优惠券，她会写：

小宝今天在早教教室里对着一个漂亮小姐姐目不转睛！看来二小子是想越过他哥，先找到女朋友了。叔叔阿姨哥哥姐姐，求点个赞。128 赞帮咱们小宝领一堂早教课，撩小姐姐（哦不，是做同桌）。

只顾利己，草率开口，只会令人反感甚至被拉黑，而暴露出的，则是对人的不尊重与做事的不职业。

多从双方角度考虑，是合作的基础。你言语中对别人足够尊重，才可能赢得对等的尊重。

职业化沟通，从"1 分钟原则"开始

从前在大公司上班，我们要遵循"1 分钟"原则：在开口的 1 分钟内，必须阐明清楚想表达的核心内容。

尤其是跟上级汇报工作，无论是通过邮件、微信还是 PPT，都一定是这个原则：

邮件汇报，得是"总 – 分"结构，结论必须前置在第一段；

微信汇报，一屏之内，必须要包含全部关键信息；

PPT 汇报，封面后的次页，必须是提纲挈领的整体内容概要。

上级通常很忙，身为下属，你需要在尽量短的时间内，告诉他事件的整体情况及可能需要推动的类项。

至于后续详情，他若有时间有心情，可选择继续往下看。**即便不看，也丝毫不影响他对你工作进度的了解与把握。**

我曾经的上司深得大老板器重，核心的一点便是沟通效率奇高。

任何复杂工作他都能**在1分钟内精简汇报完，且条理清晰、逻辑分明。**

他教我们：领导事多，怎么会愿意浪费时间听你通篇废话？先别说1分钟汇报做不到，事前的刻意练习你做过吗？做过多少次？

富兰克林在总结自己成功的13条经验时，将慎言列在了第二位。

慎言，只讲对人对己有益之言，不说无聊琐碎的话。

谈工作不是日常聊天，不着边际侃大山式地交流，不仅折损合作双方的时间，也暴露了说话者的沟通能力与职业素养。

你够不够职业，一开口就知道了！

真诚利他，死磕自己，是开口即赢的助推器

作为普通人，我们要如何才能抓住受众，一开口就打动人心？

2016年，一个家伙突发奇想做了个决定：要采访100个牛人。

很多人都觉得他异想天开：你谁呀，牛人都很忙，凭什么接受你采访？

最开始时，他的采访成功率的确只有20%，但这个比例很快提升一半，后来能联系上的80%的人，都愿意接受他的采访。最终，他顺利完成了既定目标。

他告诉我，他没有话术，也没有技巧，无非做到了两个词：**真诚、利他。**

他在采访一个人前，一定会先靠近那个人，读他写的书、进入

他的圈子、积极参与互动，建立初始链接。

比如采访作家雾满拦江，他天天跑到人家公众号留言、打赏、持续表达想采访的意愿，终于成功让对方注意到了他的存在，并最终被他的真诚与坚持所打动。

在采访知名生涯导师赵昂时，他上来说的第一句话是："我这几天专门读了您的书《在人生拐角处》。我觉得您的书写得很好，我希望能帮您推推书，'冒死一荐'。"

赵昂后来感慨，这样的人在职场上不会吃亏，因为他们总想着别人。开放和利他的心态，一定会赢来更多的支持。

别人喜欢他，愿意和他合作。

2年后的今天，这个家伙的微信公众号矩阵，读者已超过100万，做一场直播听众超过11万。他以自身的真诚和利他精神，帮助成千上万的学员树立了他们自己的个人品牌。

他就是近2年逆袭成功的典范——剽悍一只猫。我们都叫他猫叔。

回溯猫叔的逆袭之路，他如何做到一开口就打动那些牛人的心？除了他自己说的**真诚**、**利他**，当然还有——**死磕**。

猫叔曾投入好几万买书、报课、参加各种社群；

他在卡里只有9000多元的时候，花5000元报班学习；

为了提升演讲能力，2个月时间，他录了1000多个视频；

他的屋子里堆满了书，就连床的一半，也给了书；

最穷的时候，银行余额只有 183.08 元，但他还是坚持学，坚持写，坚持见牛人；

……

死磕自己，时时利他，是一个职场人最好的品性与真诚。

厉害的人，从不问蠢问题

有效提问，是为了更好地沟通

著名主持人鲁豫在入行前，去中央台面试，被要求现场采访张晓海导演。她最后一个上场，看着张导的大胡子发问：

"为什么文艺部的导演都留大胡子？你、赵安、张子扬。"

"你们3个人是中央台最年轻有为的导演，你们之间的竞争厉害吗？"

张导之后常提起鲁豫这次"恶狠狠"的采访，说"这个新人的问题一个比一个尖锐"，逼得他无处躲藏。

但也正是如此厉害的提问力，令评委们印象深刻，让鲁豫在面试中脱颖而出，成为中央台主持人，从而改变人生轨迹。

提问题，是人人都懂的事，但会提问题，却是现代人的一项硬核考验。

面对面试官，提不出有价值的问题；

好不容易有跟牛人请教的机会，却找不到让牛人乐意传授的好问题；

跟一个初次见面的人交谈，想着能深入了解一下，却全程尬聊；

同为新人，同事总能从老员工口里套出捷径，自己就是没法获得攻略，唯有孤单摸索；

……

信息为王的时代，**拥有良好的提问力，是获取信息的关键。**

提问得当，能打开对方话匣子，获得远超预期的信息，为今后的工作、生活带来便利。

学会提问，本质上是为了更好地沟通。所以，有效提问包括了两个方面：一是能提出一个好问题；二是要有一定的沟通技巧。

什么样的问题是好问题

日本沟通专家斋藤孝认为：作为被教育者，我们从小在学校经历的更多是被动回答问题，很少主动发问，缺乏提问思维和能力，自然就提不出好问题。

要想解决这一难题，**首先要有"问题意识"。**

如何建立问题意识？推荐一个好用的方法：坐标轴图示法。

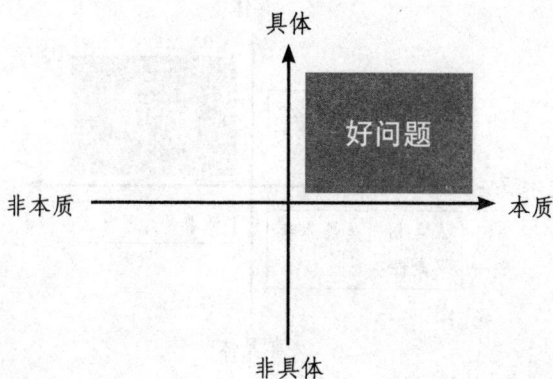

　　通过上图中的第一象限，我们能从问题的特征、谈话双方的兴趣度、谈话的时空感这三个维度，得到好问题的标准。

1. 具体而本质的问题

　　具体就是看得见、摸得着的东西。本质就是具体事物所具有的根本属性，就像一棵大树根，能追溯到源头所在。

　　好问题，就是要向着这两个属性无限靠拢。只有抓住实质性的东西提出问题，才能获取宝贵信息。

　　举几个例子：

　　你平时都做些什么？（具体，非本质）

　　活着是为了什么？（本质，不具体）

　　人之初，是性本善还是性本恶？（抽象，非本质）

具体

你平时都做些什么？

好问题

非本质 ——————————————— 本质

活着是为了什么？

人之初，是性本善
还是性本恶？

非具体

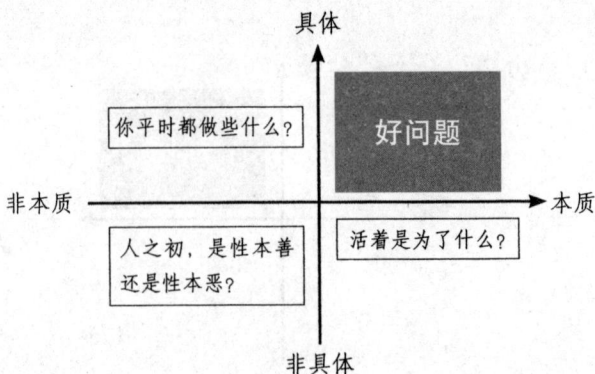

以上，都不是一个好问题。因为太大、太空，很容易把话题说尽，没能让对方深入探讨。

真正的好问题，是具体而本质的。

有媒体采访金星时，主持人问她："平时会刻意减肥吗？一般都爱吃些什么呀？"

这个问题很具体，但是离此次采访金星的主题"谈谈艺术人生"，差距有点大，属于"具体但不本质"的提问。

之后，媒体又问："您人生的愿景是什么？"这个问题很重要也很本质，但是过于抽象，并不好回答。

金星想了挺久，也只是泛泛给出了一个"愿我爱的人和爱我的人都好"，这个话题就终结了，没激发出她的倾诉欲。

其实，如果这时候问："您觉得要跳好一段舞蹈，最重要的因素是什么？"

这个问题就很有针对性，可借此问出金星在舞蹈艺术上的专业，它符合"具体又本质"的标准，是个能打开对方话匣子的好问题。

2. 自己想问且对方想说的问题

提问前，要就对方的状况、兴趣、关心程度，配合自己的兴趣来发问。如果只问自己想问的，而对方无法通过沟通获益，其必然提不起积极性。

狗仔队特别喜欢问明星：你跟 ×× 是确认了男女朋友关系吗？受访者常常顾左右而言他。

这是典型的自己想问、对方不愿回答，显然不是好问题。

早年间，蔡康永在《真情指数》节目中采访成龙。当时成龙刚拍完一部新电影，蔡康永问他的第一个问题是："拍电影累不累呀？"

一个看似轻描淡写的问题，让成龙瞬时泪崩，在节目中哭了整整 15 分钟。之后，他回答了很多关于拍电影很心酸很累的往事。

蔡康永想问、成龙想说，这个问题就是一个好问题。

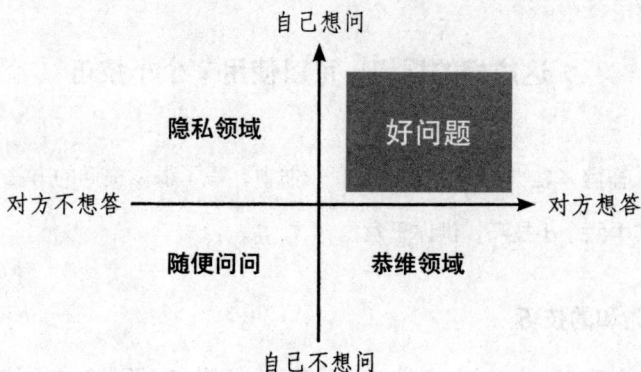

自己想问

隐私领域　　　　　　好问题

对方不想答 ────────────────→ 对方想答

随便问问　　　　恭维领域

自己不想问

3. 符合现在语境和对方经历的问题

你与师傅谈职场困难，他安慰你，说自己也是从相关岗位做起来的。你这时候顺势问：

"那您当时是怎样去化解工作压力，克服 × × 困难的呢？"

师傅会顺着你的提问，自然地分享经验。

一个好问题，让你既了解他的信息，也能从他的经历中得到学习。

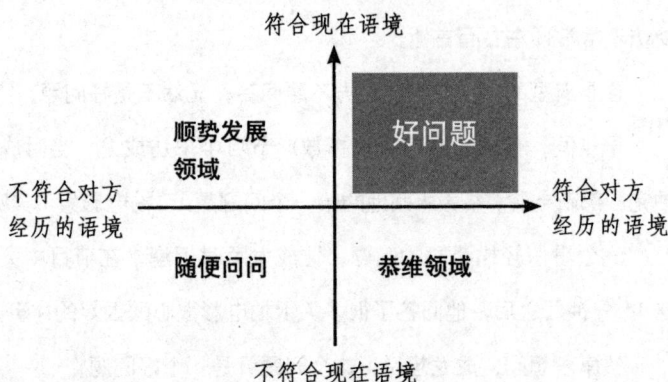

符合现在语境

顺势发展
领域

好问题

不符合对方
经历的语境

符合对方
经历的语境

随便问问   恭维领域

不符合现在语境

达成好的提问，可以使用 2 个小技巧

斋藤孝在《如何有效提问》一书中，写了很多提问的方法，分享其中两个小技巧，供你思索。

1. 附和的技巧

附和对方说的话，制造谈话的基础。但附和，不是对方说什么，就频频点头；而是在谈话的过程当中，找到切入点，深入到本质问题中去。

根据难易程度，分为初级附和、中级附和、高水平附和三种，每一种附和所需的技巧不同。

初级附和

具体表现在肢体的"点头"，以及随声附和"嗯""原来如此""是这样吗"等言语上。

初级附和是简单重复对方说的话，但要注意：态度真诚。

保持声调平和，不要过分夸张，不要上扬，否则容易让对方感觉到你是在敷衍，这很影响彼此的沟通。

中级附和

中级附和有一个万用公式：将对方的话换句话说，即在接听到对方的话后，用自己的语言，转换成新的说法。

这是在初级附和的基础上的一种升级。

举个例子。与一个宝妈聊天，对方告诉你帮助小朋友注意力集中的方法。为让对话持续畅通，你可以就刚才她的谈话，转成自己的理解，重复一遍。

然后找到她刚才话里的一个素材，继续问："让孩子保持注意力和××事件的做法是类似的吗？"

这样提问，既表达自己已认真倾听，并将它转化为自己的东西，又让对方觉得对谈没有白费功夫，你能理解她，而且她还能引发新的思考，分享给你新的东西。

高水平附和

根据对方语言前后的变化来发问，是高水平附和的表现。

例如，让对方谈一谈上大学时和大学毕业出来工作后，自己的变化。通过一个"比较前后变化不同"的问题，能让沟通热度持续升温。

或者，也可从对方之前说过的话入手。

根据董明珠与雷军的"10亿"赌约，就有媒体提问董小姐："对于之前打的赌，今年进展怎么样了？"

这个提问，重视对方的过往言辞，给对方以被关注感。

2. 转移话题的技巧

谈话基础建立后，有时候我们需要将提问转移到实质内容上去。若想转得不突兀，需要借助转移技巧。

这里推荐一个"转移魔句"，几乎所有的语境情况下，都可以使用：

"具体而言是怎么样的呢？"

比方说，当你感觉到话题开始有些冗长沉闷时，就可以使用这个句子。

"您刚才说对 ×× 印象很好，具体而言是怎么样的呢？"

这个问题，是在把对方的注意力聚集回来，然后再提出本质性话题。

这种螺旋状的谈话方式，能让人不太容易倦怠。

好的提问能造就好的表达。

想提升沟通力，让对话不再无趣，你可以尝试：建立坐标轴意识、抓住"具体且本质"的好问题、运用精彩的沟通技巧，变得跟任何人都聊得来。

被提拔时怎么说？不要一味说感谢，这8个字才是要点

　　朋友老孙最近获得了提拔，升任部门主管。部门的任职会上，他说了一大堆精心准备的话感谢领导，没想到部门员工的反应非常淡漠，领导还差点翻了脸。

　　我问："你介意重复一遍当时是怎么说的么？"

　　老孙直接把他当时演讲的文字稿发了过来，我只看个开头，已然明了领导翻脸的原因。

　　尊敬的林总、潘总，各位同事：

　　大家好！老实说，我现在都不敢相信两位领导会让我来当部门主管。毕竟从资历看，我也不是最资深的，真是受宠若惊，特别感谢领导的器重！

　　所以首先我想表个态：为了回报领导的栽培和提拔，我今后一定加倍努力工作，听从召唤，领导指东，我绝不往西！各位同事也可以做个见证！……

老孙说，当时林总直接拉下脸，打断了他的话：

老孙，我希望你搞清楚两件事：

第一，提拔你，是公司的决定，不是我们的个人意愿；

第二，你是为公司工作，而不是为我和老潘。

工作中获得晋升，本来是件好事，感谢领导其实无可厚非。而老孙最大的问题，显然是弄错了侧重点，过分强调领导对自己的提拔，这不只会引发下属不必要的联想，也会将上级置于不必要的尴尬局面。

真正高情商的人在获得提拔时，一定非常清楚自己被提拔的原因，说话懂得区分主次，而不会仅仅归功于领导的提拔之恩。

一个人获得晋升，核心标准是胜任力

一个基层员工，如何能够获得晋升机会？

如果你能尝试站在老板或者上级的角度，看待提拔下属这件事，就一目了然了。正常情况下，上级首先要看的，一定是员工的"岗位匹配度"或者胜任力。

所谓胜任力，不是你与上级的亲疏关系，不是你的资历，甚至也无关你的性情品行，而是在上级心中，你能否胜任这个岗位。

举个大家都熟悉的例子。

刘备进位汉中王后，急需选一名大将，担任汉中分公司的一把手。汉中的地理位置举足轻重，既是北伐中原的前方阵地，也是保卫大后方益州的屏障。兹事体大，必须有一员能堪大任的大将镇守汉中，刘备才可高枕无忧，踏实实施其他战略部署。

那么这位负责人，应该选谁？

最有资历的关羽守着荆州，众人都以为，那一定是非张飞莫属了。毕竟论能力、论资历、论对刘备的忠诚度，除了张飞，无人可比。但出乎所有人意料，刘备的选择，是魏延。

魏延何许人也？一个降将，还被诸葛亮说脑后有反骨，险些因此被杀掉的货色。任命一出，众将都不服，刘备就当众问魏延，如果曹军来了，你打算怎么应对？

魏延说："若曹操举天下而来，请为大王拒之；偏将 10 万之众至，请为大王吞之。"一番话说得豪气无比，众人皆服。

而事实也确实是，在魏延镇守汉中的 10 多年里，这座城固若金汤，曹魏一步都没能前进。

如果汉中守将换成张飞，以飞哥的暴脾气和酗酒成性的作风，汉中能否屹立十几年不倒，就很不好说了。

如刘备一样足够睿智、理智的管理者，在挑选领导班子时，首要考虑的，不是情，也不是忠，而是"合不合适"，即我们说的胜任力。

所以，当我们获得提拔时，首先应该相信的是领导的判断，并树立这样的自信：我是因能力上位，而非其他。

这种前提下，自然没必要过分强调感谢。

与"表忠心"相比，公司更喜欢可量化的评判标准

回看老孙任职时说的那两段话，其实核心就两点：说感谢，表忠心。

领导为什么会不高兴？

感谢，是场面话；忠诚，事实上也没办法度量，并且随着在公司时间、待遇、岗位的调整，也一定是随时动态变化的。

动态变化，从操作层面讲，它就属于不可控。更致命的是，在公开场合这样一说，就算老孙被提拔这事本来没什么私人原因，也难免被人误会。

相对来讲，胜任力不仅是工作得以顺利实施的保障，还公正公开，更容易考核。

毕竟：

你既往有过什么经历，是清晰明确的；

你曾做过哪些成功案例，哪些可以复制迁移，也是可以量化罗列的；

针对目前的工作，你的整体思路是什么，是可以很快看见并验证效果的。

这些，都是公司用以评估你是否合适升职的最直观的依据，也才是真正有价值的东西。

所以，我们被提拔时，最忌讳的是以下 3 个误区：

1. 盲目自谦

"其实，部门比我资历深的人不少，我也不知道领导为什么选我。可能是幸运吧。"

这是什么意思？潜台词是"领导瞎了眼"？

2. 借机攀附

"领导一直对我特别好，我心里都有数的，特别特别感谢……"

所以，你们之间，果然有"猫腻"？

3. "跪舔"上级

就像老孙那句话："领导指东，我绝不往西！各位同事也可以做个见证。"无原则谄媚，多数情况下并不讨喜。

同时，在下属眼里，这副"跪舔"的模样，无疑令人厌恶，这对于后续的管理工作，十分不利。

高情商的人发表升职演说，都懂 8 个字

很多年前，我们部门的经理离职，同事老张因为技术扎实、业绩

突出，被举荐为继任者，也获得了大领导老卢的首肯。老张被正式任命的当晚，请全部门吃饭，也邀请了老卢。饭桌上他说的一番话，我至今都还记得。

老张说：

感谢领导的提拔和肯定。说实在的，获得升职，我心里除了兴奋，更主要的还是忐忑。我一直是做事的，现在要开始管人了，肯定需要尽快适应角色转换，还需要卢总多多支持。

这是我人生第一次当管理者，肯定有做的不周到的地方，咱部门的兄弟们千万别客气。一旦发现我的问题，你们第一时间指出来，我当着卢总给各位表态：一定知错就改，全力支持好兄弟们的工作。

关于后续我们整个部门的计划和安排，我结合公司发展方向，已经拟好了方案。饭局上就先不说了，明天我会到卢总办公室详细汇报。之后，咱们开个部门会，也请大家畅所欲言……

老张的"被提拔宣言"听得老卢连连点头，眉眼之间，对老张非常认可。我认为，他这番话的确可以作为一个范本，核心实际是聚焦 8 个字：**领导想听，大家愿听。**

下面，我为大家简单拆解一下，他这段话里，包含的 4 个核心要点。

1. 感谢要表达，但绝不是重点

感谢当然是必须的，但一笔带过就好，不必反复提及。

任命你，是上级综合考量的结果，认可的是你的能力。

一直刻意表达感谢，反而显得你心虚，仿佛你是走后门，或是跟领导有裙带关系似的，只会适得其反。

2. 表达忐忑，获取领导支持

表达忐忑是种谦虚，更多的，是以退为进，期望在任职初期获得领导更多的注意和支持。

虽然也在隐晦地表忠心，但更多的，是聚焦工作本身，更容易为大家所接受。

3. 主动表态，获取下属支持

开诚布公地请求众人监督并随时指出问题，这种友好的态度，非常有利于消弭芥蒂，获得曾经是同事，现在变成下属的众人的支持。

从而，更有利于后续工作的开展。

4. 表达后续工作思路，这才是重中之重

虽然领导是看好你才提拔你，但你之前毕竟没做过，怎么让他们更放心？

毫无疑问，详细地梳理并汇报后续工作的开展，是一个非常良好

的开端，也才是"被提拔宣言"的重中之重。

有思路，能落地，能即刻开展工作，没有领导不喜欢这样的人。

最后，我要补充一句，被提拔时说得再漂亮，后续真的能快速适应角色变化，持续做成事，才是重点。

要记得，只会纸上谈兵或者言行不一的人，用不了多久，一定会被打回原形。

Part 2

人际情商

"待人友善是修养，独来独往是性格。"

一个人，不人云亦云，不委曲求全，活得自在又独立，才会吸引同频，找到真正让自己感觉舒适，并能相互成就的社交关系。

拿下 1 亿订单的，竟是全公司最内向的那个人

前段时间听读者萧萧谈她的前同事小池。

小池辞职前拿过公司史上最大订单：1 个亿。老板年终奖励他 100 万。小池没背景，长相普通，但销售业绩一直名列前茅。

萧萧跟小池同期进公司，是搭档。她活泼开朗，小池腼腆、寡言、喜欢独处。当初带他俩的师傅，很不看好小池。老员工们也断言，萧萧的发展一定会比小池好，像小池这种性格，做事绝对成不了。但偏偏就是这样一个内向的人，成了公司的金牌销售。

萧萧对小池很敬佩。谈起他俩一起拜访客户，每次都是萧萧的话更多些，但小池只要开口，就得体大方、应答如流。

萧萧私下打趣，说他真矛盾，擅长伪装，压根不内向。小池一如既往腼腆笑笑，回了一句：我当时在工作啊。

简单 7 个字，道出背后的成功秘诀：**个人性格与职业身份，需要有明确界限感。**

真正职业化的人，都是既充分保留个性，又不会让性格因素影响工作的。

性格决定命运，不一定全如此

能不能做成事，不应单纯归结为性格。

程龙，演讲达人，圈内人尊称龙兄。但鲜少人知道，龙兄曾是极度内向又自卑的人。

大学入学第一天，老师让大家自我介绍。

龙兄懵了。在农村时从没遇到过这样的场面，他局促不安，脸憋到通红，才磕磕巴巴吐出一句："大家，我……我叫程龙"，就逃似地跑下了讲台。

引人发笑的开场，让龙兄的整个大学时期更沉默寡言，也更害怕公众表达。

毕业求职时，因为一说话就紧张，没有企业愿意录用他。

什么最弱，就从什么开始改变。龙兄下定决心：既然知道自己的性格短板，那就勇敢接纳，并开始刻意针对性练习。

他疯狂阅读演讲书籍，进行表达训练。同时，主动找人聊天，强迫自己输出观点。

之后，他的人生如同开挂，凭借出众的演讲表达能力，打败诸多竞争对手，成功拿到苹果大中华区培训师的 offer。

内向的人，若能真实透明地接纳自己，会更容易化被动为主动，甚至化劣势为优势。

华晨宇，作为《王牌对王牌》新一季的主持人，他腼腆羞涩。站在贾玲和沈腾旁边，却从没有因为话不多而逊色。只要到表演歌舞的环节，这个才华横溢的小伙子就立刻能发光发亮，收获观众的热烈掌声。

《自我激励的100种方法》一书中写道："每个人都有一个固定的性格，这句话其实是一个谎言，它否认了我们拥有持续创造自我的力量。"

成天标榜"性格决定命运"的人，实则就是在自我设限。

找到心理能量，是否可以突破性格局限

卡尔·荣格在《心理类型学》一书中曾提过，外向和内向的特质区别，在于心理能量指向的方向。

内向的人，能量指向内部，他们对内心世界更感兴趣，因此喜欢独处、安静自省和思考。

锤子科技的罗永浩在演讲时说：

你们别看我站在台上能扯淡那么久，其实我是个很内向的人。参加超过5个人的饭局我就会全身不舒服。每次饭局以后，回家都

要一个人狠狠读一天书，才能缓过来。

记得没去新东方当老师之前，有很多人说我：老罗啊，你平时一天都不说几句话，还能上台当老师了？

但我不管，我内向的性格决定了我不会被别人所左右。

谁规定内向的人就不能当老师了？

性格归性格，工作是工作

职业化的人，不仅能区分二者，更能让自己的心理能量承载工作重量。

罗永浩扩容心理能量的方式，就是独处阅读。过度社交如果让其不适，他会钻进书里，汲取能量，调节自己。

微信之父张小龙也是个沉默寡言的人；脸书创始人扎克伯格，万众追捧，但在现实中，他偏爱独处。

他俩如斯内向，却无碍其设计出世界上最伟大的社交软件。

《时间的皱折》的作者马德琳·英格说，如果不是因为小时候把时间都用在阅读和思考上，她压根就不会成为一名如此大胆的思想家。

无论是罗永浩、张小龙、扎克伯格，还是马德琳·英格，他们都因擅长找到自己的心理能量，从而轻松地突破了自己的性格局限，最终大有所为。

每个人都有权利选择，与自己相处的方式

心理学家武志红曾说，内向是对内向者的保护，外向是外向者的嘉奖。两者只有差别之处，绝无是非对错之分。

内向者若不喜欢社交，不乐意与人打交道，大可不必勉强。**只专注于事，也是一份很好的选择。**

学长乔哥是资深销售，业绩一向靠前。他日常不爱社交，几乎不跟客户吃饭。

我问他："从不请客户吃饭，毫无交情，他们会愿意签约？不会不爽么？"

乔哥反问："一定要陪客户喝到吐血，才叫交情？如果利益合适，为什么不爽？客户愿签，看中的是我这个人值得信任，我的产品物超所值，我们公司能成就他们公司。没有交易哪来感情。"

从这一点上说，内向的人更清醒更理性。正如知友李松蔚所言，人脉很重要，但无须把人脉当成人生的应有之义。

内向者专注于内心世界，通过仔细考虑资讯、观点、概念来获得满足感，而不是通过与人相处、团队合作来获取。

乔哥与小池都很清楚个人身份与职业身份，所以他俩在生活与工作间，能找到极佳的平衡点。

内向者与外向者相比，只是聚焦点和"充能方式"不同，并无高下之分。

既交付完美的成绩，又遵从内心选择，这才是成熟的职场人应该具有的模样。

知乎上有一道问题："为什么有些人看起来友善，却总是独来独往？"

最高赞的一个回答是：

"待人友善是修养，独来独往是性格。"

一个人，不人云亦云，不委曲求全，活得自在又独立，才会吸引同频，找到真正让自己感觉舒适，并能相互成就的社交关系。

内向，当能活得眉目舒展，温暖坦荡。

职场上懂"自来熟"的人，到底有多厉害

还记得一个北京"的哥"通过自身"神侃"技能，无意中避过被抢劫厄运的新闻，上了热搜。

犯罪嫌疑人张某债务缠身，心生歹念。在只抢到300元的情况下，心有不甘。

他连续换了4辆出租车，却都因为与司机聊得太投机，不忍实施抢劫而放弃。下车时，还乖乖付了车费。

都说会说话的人，运气不会太差，4名北京的哥以亲身经历告诉我们：

会说话的最高境界，不单是手抓锦鲤，还可以逢凶化吉，更能救命啊！

我曾在北京工作7年，对北京的哥最深的印象，同样是——能侃。无论是主动找话题，还是接话，他们都游刃有余，还不招人烦。

身在职场多年，我发现那些能快速破冰，与陌生人无障碍建立

链接的人，往往都混得比较好。

"北京的哥式自来熟"，在职场中是一种值得提倡的优良品质。

有分寸的自来熟，能快速立起人设，扩大影响

你的身边肯定存在着这两种人：一种是能轻易和所有人打成一片的人；一种是慢热，最初相识时，距离感明显的人。

人类学家霍尔曾提出"人际距离"概念，它指的是人际交往中，双方的距离和意义。

人际距离不同，与新朋友的相处方式、熟络速度就不同。

职场中，我们经常会听到类似的话：

"我可不是来交朋友的。"

"千万别把同事当朋友！"

言论背后，是将个人生活与职场社交，划出了一条界线鲜明的鸿沟。

自己不出去，也不许别人跨进来，上班时公事公办，下班后各回各家。

霍尔把人际距离分为四个层级，由亲近到生疏，分别是**亲密距离、个人距离、社交距离与公众距离**。

通常来讲，亲密距离和个人距离以内的空间，统称为"个人空间"。

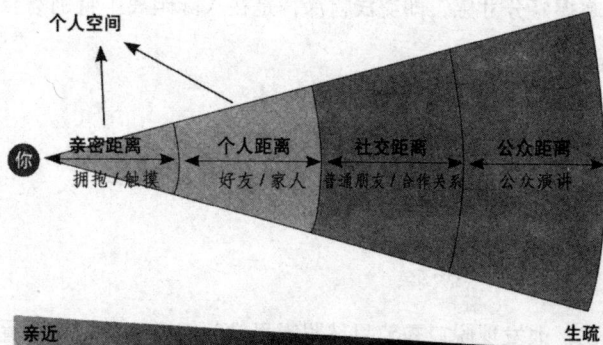

个人空间

你 | 亲密距离 拥抱/触摸 | 个人距离 好友/家人 | 社交距离 普通朋友/合作关系 | 公众距离 公众演讲

亲近   生疏

　　像"北京的哥式自来熟"的人，个人空间相对更广，可容更多人；而慢热型的人，刚好相反。

　　两种人均没有对错，只不过职场里很多时候，需要我们主动融入或带节奏。

　　拜访陌生客户，直接切入工作显然太硬，以什么样的话题快速破冰？

　　电梯里碰到领导，装没看见显然不合适，该说些什么？

　　你管理一个团队，如何在团建或聚餐中，带起气氛？

　　以上情形，**一个习惯了自来熟的人，能更快立起人设，扩散影响。**

　　当然，凡事皆有两面。你身边肯定也有这样的人：热情过头，说话不着调，又或总是自以为熟，上来就问私密问题。

　　这类人，错在把自己的个人空间放得过大，以为人人都跟自己一样，导致神憎人厌，避之不及。

没掌握好分寸感，即交浅言深，是在人际距离中特别需要注意与避免的。

高级的自来熟，能让你开口即赢

小马宋说过一个故事。

最初，他发现脱口秀节目《罗辑思维》挺有意思，想看看能否有合作机会，可他并不认识罗振宇。

那应该怎么办？

小马宋首先关注了公众号和罗振宇微博，一面加深了解，一面留心机会。

终于等到一次互动活动，他顺利见到罗振宇。但会场有几十号人，小马宋如何能一开口就让罗胖注意到自己，且拉近距离？

他说，他事先做了功课，《罗辑思维》当时粉丝上千万，但推广的一本《战天京》却只卖了 5 万册。

于是在其他人都忙于向罗胖推销产品时，小马宋站起来说，自己曾以一个仅有 2 万粉的公众号，卖出了 1 万册书。

这话立即引起罗胖注意："你这个很厉害，我们可以聊聊，能否一起出本书？"

后来，小马宋成了活动当天，唯一拿到罗胖微信的人，其后几次链接，让他成为得到 App 的品牌顾问。

职场中，我见过很多像小马宋一样优秀的前辈。他们私底下内敛沉默，可一旦进入公众场合，立刻跟换了个人一样，神采焕发，说话得体，每一句都能说进人的心坎里，最终促成合作。

这是一种更高级的"自来熟"。

这种自来熟，**完全源于事前的审慎了解、精心筹备，与性格、天性无关。**

越熟练掌握，越能找到痛点，精准出击，开口即赢。

如何通过说话，与陌生人快速构建亲密关系

如何掌握好分寸感，让我们与陌生人快速构建亲密关系，又不至于招人烦，导致适得其反？我想分享 4 点心得，供你参考。

1. 从一个恰当的时机或对象开始

一群人在玩手机，一个人在左顾右盼无所适从。这个人，就是你的恰当对象。

说不准他会有和你一样的交流欲望，你们深入聊下去，可能性会大很多。

而什么是恰当时机？

一群人在聊天，硬插入显然不合适，你可以在他们停顿时，顺着话题"不经意插入"，就是一个恰当的时机。

举个例子。大家刚好聊到吃的，你可以接上一句："××店的确很好吃。它家附近有一家 ×× 餐厅也非常不错，哪天咱们一起去啊？"

时间和对象恰当，才不会显得突兀，也才更容易融入人群。

2. 从夸奖对方的一个具体细节开始

"你今天这件衣服真好看，在哪里买的？"

"你的唇色真漂亮，真有品位，用的哪一款唇膏呀？"

不要泛泛聊天气、饭否，夸跟 TA 有关的细节更有利于增加对方好感，让话题得以延续。

3. 从对方利益角度开始

朋友小赵想找人帮她发条朋友圈广告，她写了如下一段话发给对方：

亲爱的，我注意到你在卖化妆品，我的微信号有 5000 粉，年轻时尚人群蛮多的。

我可以帮你在我朋友圈发一条广告，将对化妆品感兴趣的朋友导流给你。

近期，我的新课程上线，能不能请你也帮我在你的朋友圈里发一条广告？

对方很爽快就答应了，这次互换合作，给彼此均带来几百个精准粉丝。

相比"麻烦帮我转个朋友圈"式的群发骚扰，优先从对方利益角度出发，更易获得青睐与认同。

4. 以"即兴表演"的方式开始

即兴表演是一种新兴的表演形式，区别于传统表演。

它最大的特点，是没有剧本。演员在没有任何准备的前提下，根据对方的台词、举动，进行反应接续。

为了让演出得以顺利进行，即兴表演遵循一个最核心的逻辑：Yes And。

所谓 Yes And 逻辑，即无论对方说什么，你都持肯定意见，并添加额外的信息。

对比一下：

"我想试试这个方案。"

"啊，你这个方案简直太蠢了！"

"我想试试这个方案。"

"好啊！我也觉得这方案不错。我们可以再增加这几个细节，让它更有效率，也更迎合客户需求，你觉得呢？"

与动不动就说 No 相比，Yes 的包容性和开放性，能让我们更好地聆听彼此的声音，碰撞出更好的火花，从而更快速地拉近关系。

据闻，国外的编剧们，也经常采用这个逻辑来创作剧本，让剧集变得充满创意。

"男主角一开始就死了！"

"Yes！而且他进入了一个满是骷髅的世界！"

"Yes！而且这个世界里充满了音乐。"

…………

会说话的人，真的是带着满满的魅力。

哦，Yes，你猜得没错，上面那个例子，就是风靡全球的豆瓣高分动画片《寻梦环游记》的由来。

职场上，高情商的人如何体面拒绝

最近看到一个提问：在职场中，如何体面地拒绝同事，还不会得罪人？

提问者声称，自己就是那种典型的职场老好人。别人且有所求，都张不开嘴拒绝，也生怕拒绝后，就把人得罪了。

他现在做了基层管理者，依然在面临类似问题，甚至下属的活他有时都要帮着干，活得非常累。

留言区一堆网友评论，没有一个同情他，都说这是你自己作的，活该。

我们为什么不敢拒绝？

不敢拒绝的 4 大原因

就我所见，不敢拒绝他人，主要源于 4 大原因。

1. 害怕自身名誉受损

假如一个人一直都很大方，朋友们都经常找他借钱，他也来者不拒。钱越借越多，却多半有去无回后，他开始思索：是不是以后不再借了？

但如此一来，别人会怎么想？会不会到处去乱说自己徒有虚名？

有的人正是因为过于在乎自己在别人心中的评价，生生把自己架到了某个"人设"上，从而成了他们无法开口拒绝的原因。

这就是我们常说的，死要面子活受罪。

事实上，一个人的形象在别人眼中是长期的，也是动态的，合理的拒绝，未必会影响形象，甚至会反过来，让人觉得你有原则，更值得尊重。

2. 感到内疚

有些人会有种莫名的"责任感"，认为自己应该为别人的情绪负责。

我的表姐就是这样的人。她在一家公司做行政，各种办公软件操作得非常娴熟。经常有同事找她帮忙作表作图，不管手上有多忙，她从不懂得拒绝。

她对我说，你是没看见他们求我帮忙时，那种充满期待又渴望的眼神。要是拒绝，他们肯定会失望，如果他们失望，我就会觉得内疚……

3.不知如何应对拒绝后的尴尬场面

有时候，你未必不想拒绝，只是不知道如何应对拒绝后的尴尬场面。

尤其是低头不见抬头见的同事，毕竟还要朝夕相处，关系弄僵了也挺尴尬，最后多半也只好硬着头皮答应下来。

甚至很多时候，有些人的无理要求遭拒绝后，还会表现出某些令人想象不到的愤怒，想来想去，还是忍气吞声答应下来最省事。

4.害怕因拒绝而破坏关系

对于重情的人，他们不拒绝的最大理由，就是害怕会因为拒绝，从此失去一个朋友。

尤其有的人生来内向，不擅社交，本身朋友就少，相比一般人更为珍视友情，因而，更倾向于"委曲求全"。

但仔细想想，那个一味只会向你索求的人，真的值得视作朋友么?

身在职场，如何体面地拒绝他人

若在生活中，拒绝别人还相对容易，毕竟鲜少利益纠葛，不交往，也就不交往了，但放到工作场景，却不尽相同。

职场上，如何体面拒绝，既不得罪人，又不影响工作，的确是一门学问。

事实上，我们在面对不同的人和事时，有的人能拒绝，有的人不能拒绝，有的事应该拒绝，有的事不应该拒绝。

要分别来看，才更有针对性。

咱们姑且从对象的不同身份来剖析吧，就公子所见，大致上可以分为3类人：下属、同事（平级）、上级或客户。

之所以把上级和客户摆在一起，是因为他们实际上是一样的，上级，就是你在公司内部的客户。

我们一个个地来说。

1. 如何拒绝下属

下属找你，通常都是手上的任务遇到困难搞不定了，因此求助于你。

这时候，你该拒绝还是该伸援手？

很好判断：主要看这件事，是不是真的超出了他的能力及决策范围。

比如，他是负责执行某个项目的项目组长，执行过程中客户提出了额外需求，必须要增加预算，而这个金额，超出了他的权限范围。

这个时候，作为直接上级，你当然应该参与进来，和他一起分析并给出解决建议，而不是直接甩手拒绝，说你看着办。

但倘若是某项目细节出了问题，本该由他协调项目成员一起解决，他却不愿担责，总拿这种事情烦你，那没说的，直接反驳回去。

因为是你的下属，拒绝时只要注意别进行人身攻击，就事论事即可，没多少可说的。

2．如何拒绝同事

通常来讲，同事间以和为贵，如果不是什么伤神费时的大事，你们平时关系又比较好，我觉得，能帮也就帮了。

你平时攒够人品，关键时，别人也才会帮你，对么？

所以，以下，仅是讨论那类确实很"不要脸，存心占你便宜"的同事。

若你不想办，大家毕竟低头不见抬头见，直接反驳回去显得情商有点低，容易得罪人。

这个时候如何拒绝呢？我提供 3 个小方法。

第一招：以牙还牙法

比如对方说："哎，你一会儿下楼办事时，顺便帮我取两个包裹啊，你那么强壮，对你来说小意思吧。"

你就说："可以啊，对了，你现在闲着没事，帮我做两份表格呗，你不是 excel 高手吗？这对你来说太简单了啊。"

己所不欲，勿施于人，既然对方以为他安排的都是小事，那你也不用客气，也尽可能给他安排一些"小事"，看他接不接。

如果不接，估计也就不好意思总是免费使唤你了。

第二招：卖惨法

"哎，我晚上有事，要稍微早走一会儿，你能帮我把这事弄一下么？"

"哎呀，本来是小事，但我现在手上的事估计都要忙到晚上10点了，你该不会想让我加班到12点吧？我们家小区11点半就关门了，还得叫保安……"

如果这人稍微有点良知，应该不会再坚持让你帮忙。

第三招：拖延法

"哎，你能帮我把这事弄一下么？"

"哦，好啊。不过我现在有点忙，领导交代了一个事，赶着要呢。先放着吧，我弄完我的事帮你弄。"

过了大半天……

他再来找你："亲，我那事怎么样了？"

你："啊呀，领导又给我安排了一件事，还说明早就要，你说烦不烦！今晚怕是又得加班了，要么，明天看看？"

这时候，但凡心里有点数的，应该会知难而退了。

如果他不退？接着拖啊，反正完不成，受罚的又不是你。

3. 如何拒绝上级或客户

这两类人，老实说，通常情况下你惹不起，除非你铁了心不想干了。

但是不是说，他们提出的要求你都必须照单全收呢？未必。

从职能上来讲，不管是上级还是客户，他们更关注的，都是结果。而他们提出许多额外需求，无非也只是期望能获得比预期更好的结果。

所以，在面对他们的需求时，我们与其说讨论如何拒绝，不如说讨论如何有效引导，让自己不至于始终被牵着鼻子走。

我的前同事老易，就是此中高手。

有一次做项目，客户直接甩过来 8 项额外具体工作，并极不客气地表示，如果做不了就请回吧。

老易一看内容，全是"超纲"的，合同里一条都没有。但他并未直接拒绝，而是站在客户角度，开始逐点分析：

第 1 项好是好，就是工程太大，需要你们投入大量物资和人力，投入产出比可能有点低……

第 2 项是真好，但北上广都没做过呢，咱们确定要做小白鼠？

第 3 项也不错，但咱关起门说句大实话，这不是您部门主导啊，即便做成了，您也不是最出彩的那个……

最终，客户同意只执行第 7 项，其他都可以暂时放一放。

而第 7 项内容，是 8 项中实际工作量最少的。

老易为什么能够拒绝客户还让其满意？

态度坚决，不卑不亢，而且有理有据。最重要的，是每一点分析都基于客户角度出发，让客户相信，他确实是在替他们考虑。

很多时候，客户确实不清楚他们要什么。而一个真正杰出的职场人，一定懂得化被动为主动，化拒绝为引导，最终互相成就。

身在职场，懂得拒绝才叫职业化

职场上，我们经常谈到一个词：职业化。

除了工作能力强，擅长沟通协调，能够拿到好的工作结果外，还有一项同样重要的技能，就是懂得拒绝。

因为我们跟公司、公司与客户间的关系，其实都是契约关系。

所谓契约，其背后的逻辑，叫公平。

在合同约定范围内，做到最好，却也懂得果断拒绝超范围的要求，不要过度交付，这才叫职业化。

一争吵就人身攻击？不懂这 3 个策略，难怪没法好好说话

只有彼此信任的沟通，才能降低冲突，解决问题

"如果有问题，我们到时多沟通。"这是一句常听到的话，但"多沟通"就一定能"沟通好"吗？

我想先分享一个真实事件。

我在前公司时，带领着 A、B 两组人。A 组长业务能力强，执行力高，但性格暴躁，易冲动；B 组长技术能力较弱，说话做事慢半拍，但胜在认真心细。

有一次，需要向客户做汇报。两位组长在某个模块的描述上起了冲突。

从撰写开始，到呈现文本给我审核的一周内，两人多次沟通，无疾而终。

他们各自坚定地认为己方是正确的。最后，本应合作出一份报告，变成了每组各出一份。

而且，两人越到后面，言语越过激。A 焦躁急吼，B 冷静反击、步步逼近；A 被激怒得开始人身攻击，说 B 是 × × 小地方的出身，见识浅薄。

职场就是江湖，有江湖的地方就有人，有人就会产生矛盾与冲突。

一次卓有成效的沟通，前提是你的沟通对象信任你。

如果对方对你产生怀疑，就像 A、B 两个组长，彼此缺乏信任度，自我意识强烈，那沟通多少次，用什么样的沟通话术，都是起不到作用的。

只有彼此信任的沟通才能降低冲突，解决问题。反之，暴力沟通只会让事件往坏方向跑去。

掌握乔哈里视窗理论，增强彼此信任感

什么是乔哈里视窗理论？

乔哈里视窗，也叫沟通视窗，也被称为"自我意识发现与反馈模型"。

它根据"自己知道——自己不知道"和"他人知道——他人不知道"这两个维度，将沟通双方对内容的熟悉程度划分为 4 个区域，分别是：公开区、隐藏区、盲目区和未知区。如下图：

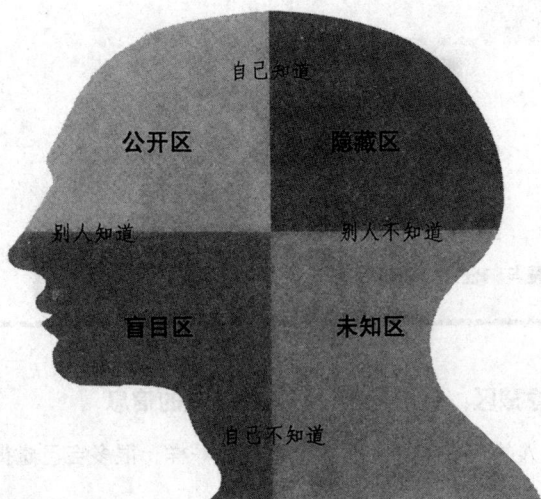

这4个区域基本包罗了日常沟通的大部分情况，熟悉和了解每个区域之间的关系，可以利用它，建立信任和尊敬感，让沟通更具成效。

1. 公开区：自己知道、别人也知道的信息

双方都处在这个区中，是最容易沟通的。

比如你和沟通对象都关注过某大咖的账号，都认同大咖的三观。那么，你们在彼此的共识范围内讨论大咖的文章，会取得较高共鸣，沟通一致性也会达成得较好。

这就能理解，为什么关系越亲昵，信任度也就越高。其本质就是公开区逐渐放大的过程。

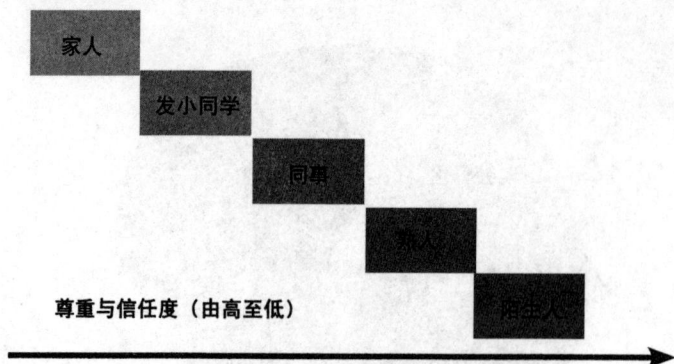

家人
发小同学
同事
？人
陌生人

尊重与信任度（由高至低）

2. 隐藏区：自己知道、别人不知道的信息

每个人的成长经历、职业背景都不一样。很多自己觉得简单又理所应当的事，别人可能并不知道。

例如在完成任务后，需主动对领导进行汇报。这对于职场老手来说是一件很正常的事，但对于一些刚入职的应届生来说，可能并不知道，于是就只能干坐傻等着老板来询问，屡犯禁忌。

每个人都会存在思维遮蔽性，破框的最好办法是反复沟通。在彼此理解清楚后，才能有更好的合作。

3. 盲目区：别人知道，但自己不知道的信息

因为自我保护心理，人在接收质疑时，会天生具有对抗性，进行攻击。

职场上，这种现象会使得同事即使看到你的问题，也常常保持沉默。没有正确的信息反馈，你可能一直都在错误的轨道上前进，距离工作目标越偏越远。

4. 未知区：双方都不了解的信息

这个区需要你主动告诉他人，自己能做些什么，做了什么。

从以上 4 个区不难看出，获得信任感主要在于扩大公开区。如何扩大？我们可以从两个方面着手：

- 主动向他人袒露自己的故事、自己的想法，让别人多了解自己，让信息对等化。
- 请求他人指出自己的盲点，包括自己看不见的优点和缺点，以及自己无意识的那些行为作风等。

回到 A、B 两个组长的例子。

如果他俩能先分析自己在项目中有问题的地方，同时提出解决办法，完成自我复盘，然后再让对方就自己做得不好的地方，进行补充，对做得好的进行肯定。

如此，他俩的合作，就不会出现多次沟通无果的结果。

有效沟通的 3 个策略

获取了信任度，只是有效沟通的第一步。如何愉快交流，让人听得进去？我们可以通过以下 3 个策略，来提升沟通效率。

1. 采用同理心法则

沟通高手的特质就是拥有高同理心，能换位思考。

有个故事说一只猴子受了伤，然后所有的猴子都一个个紧接着去看，每个猴子都说："哎呀，你太可怜了！"然后这个猴子就将自己的伤口，挨着给每个猴子看，最后，这只猴子就死了。

同理心，能真正体会到对方感受，妥帖照顾，否则会容易失去理性思考能力，无法进行正常判断。

沟通时，可先把自己的意见放到一边，尝试先倾听、理解对方的观点。

同理心并不是要立刻同意甚至附和对方，而是帮助你在欲争执时，快速找到双方的基本共识。

2. 掌握共识金字塔定律

共识金字塔分为人身攻击、只谈观点、陈述事实、提出建设性建议与寻求共识 5 个层级。

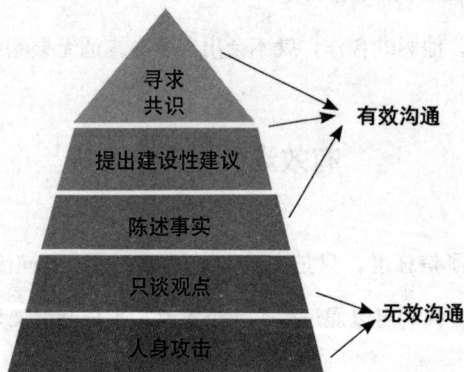

人身攻击、只谈观点

处于这两层级的人，往往在没有了解事实真相的情况下，就开始武断下结论，一旦沟通对象出现不同看法，就急不可耐地反驳，从而失去判断。

每个人的内心都希望被认可，而不是被否定。所以，对待这种情况，最好的办法，就是多方收集信息，有了调查再发表言论。

陈述事实

处于这一层级的人开始进入有效讨论。很多人会将数据、图表等佐证拿来，运用理性思维，进行反驳。但他们也往往败在这一层级上。因为强烈的自我意识主导，会不太注意说话的态度和方式，从而让对方觉得，你是在和他对抗。

这种沟通无论最后是赢是输，双方都会不愉快，会有强烈而不适的排斥感。

提出建设性建议

表达观点，拿出事实，同时加上换位思考的同理心，是这一层级的特性。能站在他人角度，去帮助对方思考漏洞，补齐论证，这样的沟通，才是有效沟通，而不是为了驳倒或击败对方。

处在这一层级的沟通者，往往态度正面积极，具备利他思维，是一种很好的互惠式沟通。

寻求共识区

在这一层级，沟通双方需要高度抽象和总结力，用更宏观的视角，将双方达成共识的合理区涵盖进来。真正做到求同存异，互相交流。

3. 运用 XYZ 公式

这个公式的运用是：你说的 X 行为其实是 Y 原因，你这样说让我感到 Z。

例如：

小王质疑你："为什么擅自换文案？你总是等到快发文了，才说换，真耽误大家的时间！"

如果你直接回答："你不也一样吗？上次你临到最后一刻也没出文啊。"那你俩的沟通一定会崩盘。

正确的表述是："昨晚联系多次，没有联系上金主，所以今天才会换。但你这样说，让我感到无奈和委屈。"

这个表述，回应了对方的情绪宣泄，且聚焦事实，一则不会引发更大冲突，二则可以顺势说出原因："昨晚已发现文案错误，联系多次，联系不上金主，于是一直到今天发文前一刻，请示了领导，才换了文案。"

职场上，沟通不是上战场，不是辩论赛，而是为了达成共识。

采用同理心法则、掌握共识金字塔定律、运用 XYZ 公式，能让我们更有效地开展沟通，彼此达成一致，推动和谐发展。

我见过情商最低的行为，是总把"凭什么"挂嘴边

最近看到一篇文章，作者分享了一些成功人士背后的故事。

比尔·盖茨不会告诉你，他的母亲是IBM董事。正是他母亲，给他促成了第一单大生意。

巴菲特不会告诉你，他的父亲是国会议员，8岁就带他参观了纽交所，学习金融知识。

马化腾不会告诉你，他的父亲是盐田港上市公司董事，腾讯的第一笔投资来自李泽楷，李泽楷与盐田港母公司是什么关系无需多说。

············

整篇文章，作者一直试图告诉我们一个扎心道理：

这些人生赢家，都是含着金钥匙出生的，运气又好。他们的成功，理所当然。

而我之所以混得这么惨，是因为爹妈不给力。

人家凭什么成功？投胎时，天注定！

的确，以上的故事是真的。但个人努力、拼搏的成分，就可以完全忽略不计吗？

见到比自己优秀的人，不是见贤思齐，而是立刻找出一堆客观原因，论证其优秀背后有着"不为人知的隐秘"？

又一次轻易与自己和解，最终坦然放下负疚感，继续安于现状——真的是很多人惯有的逻辑。

成年人的世界，这样的行为，只是暴露了你可怜的自恋而已。

你越擅长自我开解，就越会在泥潭里原地踏步，最终和别人的差距只会越拉越远。

"凭什么"总挂嘴边，会让你无视缺陷、拒绝成长

心理学上将价值观分成两类，一类叫弱势价值观，一类叫强势价值观。

抱持弱势价值观的人，最大特点是喜欢抱怨，习惯性质疑规则不合理。

我的内容编辑水青衣曾辅导过两名作者，教她们写文，投稿某百万级微信公众号。

两个人的文字功底差不多，也都很勤勉。

但 A 比较固执，不太管大号的风格，只喜欢按自己想法行文。

B 细心踏实，愿意听从指引，研究平台后不断调整。

最后 B 成功上稿。

A 不服气，多次私聊水青衣，表达不忿。

后来甚至直接开怼："B 那种水平都能上，**凭什么我不能上？**是平台有黑幕，还是你暗箱操作，把编辑介绍给她？"

水青衣无奈跟我说："只要她没上稿，就是平台有问题，就意味着我处事不公。"

职场上，这种思维方式比比皆是：

她就是靠着性别优势啊，不然凭什么一样干活，我只拿这点工资？

公司制度肯定不合理啊，不然凭什么我辛苦这么多年，还在基层？

他肯定有裙带关系啊，不然凭什么同期进来，就他升职了？

…………

凡事张口就是"凭什么"，背后的实质情绪指向，是在抱怨规则不公平。

如果承认公平，等于变相否定自己。

承认自己的失败，那是万万不可能的。

于是，越抱着弱势价值观的人，就越不相信规则，也越会觉得凡是自己看不惯的事情背后，一定有什么人在"捣鬼"，一定用了非正当的肮脏手段。

无论看什么，都觉得大有问题，却唯独看不见自己的问题。

长此以往，这只会让你活在"阴谋论"中。

恕我直言，**这不是在拒绝他人，而是在拒绝让自己成长。**

积极的人，更愿意问"为什么"

与弱势价值观相比，强势价值观的人很少质疑规则，遇到问题时，更倾向于问"为什么"。

《奇葩说》第四季邀请了罗振宇做嘉宾，节目前两期，跟马东、蔡康永相比，他的表现差强人意。

罗振宇后来坦言，才来第一天，就感觉自己"碎"了。

他不熟悉这个场合，也不适应这种表达方式，表现不好，情有可原。

这个时候，他可以有两个选择。

选择一：回到《罗辑思维》，以老板身份强迫员工说他辩得好，比马东、蔡康永都强，不过是他们的规则有问题。

这样，他就能快速找回心理平衡，继续在原轨道上维护好自己的自尊和荣耀。

选择二：既然碎了，就要重建。仔细思索，为什么别人比自己辩得好，好在哪里？

罗振宇的选择是后者。

他花了大量时间，仔细研究每一个导师及选手的发言、逻辑和结构，认真总结，反复练习。

后来，就有了第四季导师与前4届冠军对决时，他在第4辩位置，惊艳的力挽狂澜。

罗胖就是典型的强势价值观秉持者。

总习惯问"凭什么"的人，不过是习惯自我安慰，替自己寻找不肯改变的借口。

能够多问几个"为什么"，才能找到出路，持续刷新自己，尽快赶上优秀者的步伐。

你的心态，决定你的位置和高度

我经常听到不少职场新人发出类似的言论：

"我一个底层新人，月薪3000元，凭什么要干那么多额外的事？我能按时上下班，就算对得起老板了吗！"

于是，做一天和尚撞一天钟，得过且过，只出手脚不出脑子。

从等价交换的角度看，这没毛病。

那些职场老人和你的上级、老板，他们是利益既得者，处于相对强势地位；相应的，你会把自己定位在弱势位置。

但所谓强势与弱势，从来都是动态的，与你当前所在的处境，并无直接关系。

朋友静雅在一家公司做经理助理，刚入职时月薪 3200 元。

她问了自己一个问题：为什么有的同事入职不到 2 年，就能月入过万？

之后，她主动给一名业务很厉害的同事打下手，悉心学习研究，渐渐将公司自媒体方面的商务、推广、运营等工作接手，且上手飞快，干得有声有色。

一年半后，她如愿拿到了过万的月薪。

对现状不满是好事，但它应该成为我们奋斗的动力，而不仅仅是抱怨的源泉。

掉到弱势价值观的陷阱里，总习惯以受害者身份自居，因当前的位置和待遇，禁锢住自己的思维，是很危险的。

这种思维一定会反过来，将你牢牢锁死在现有位置上。

不思改变，不求进取，只一心苦苦等待那个真正属于自己的"公平"规则的到来，无疑是最大的妄念。

位置从不决定心态，反之，心态才决定位置和你最终能到达的高度。

厉害的人，跟自己抬杠

马东的米未公司门口，挂着一条标语：

"感觉疼的时候，你正在成长。"

当你感到不舒服，甚至疼痛的时候，少说点"凭什么"，少一点对规则的抱怨。

反过来，多问"为什么"，多分析问题，尝试接纳规则，才会带来完全不同的认知格局。

不妄自菲薄、不蓄意诋毁、不自我宽慰，不要那么轻易地，就跟自己再一次达成和解。

请记住：

要跟自己较劲。对自我都能勇敢下狠手，前景不会差。

擅长跟自己抬杠的人，才能真正获得成长。

厉害的员工，不怕善变的老板

后台收到一个读者的提问，特别有代表性：

我的老板太善变了，总是朝令夕改。上周刚决定的事，这周又全部推倒！问题是，我都做了一半了！这让人很抓狂啊！公子，这该怎么办？

老板主意不定，员工疲于奔命。职场中，这种情况十分常见。

我想这位读者一定希望我教给他，如何才能有效阻止老板的各种"奇葩想法"，让自己的工作变得轻松有序。

但抱歉的是，现实中的职场，尤其是高速发展中的中小型公司，**不朝令夕改的老板，几乎就是不存在的。**

在整理这个问题前，我们应该先将一将，自己与老板的定位问题。

老板的定位，决定了他必须这么做

员工的定位，是将任务全力做好；老板的定位，是决策。

公司发展、盈利、存亡，依赖于老板的决策。

我的朋友姜姜曾经入职一家影视公司，主要负责内容创作。

当时接到一个微电影项目，她熬了几个大夜，认真按客户要求输出剧本。

交给老板后，老板让她连改了 5 遍。

最后他依然不满意，但截止时间所剩无几，他说："我自己来吧。"

看了老板改的，姜姜也很不满意。

客户明明要求唯美风，他却加入很多口语化对白，彻底改变原文调性，上下段之间变得不伦不类。

姜姜据理力争。老板却说，他知道自己写得不好，但问题是她写的，他也没觉得有多好。

既然双方的出品都不好，他还是选择相信自己。

老板对姜姜说：**"你要知道，我是对最终结果负责的那个人。"**

后来不出所料，客户觉得剧本与需求差距过大，合约没签成。

姜姜离职后，独自开了一间小工作室，单干。

她说，现在回头看，虽然项目失败了，但从老板的角度出发，我觉得他当时其实没有错。

作为一家公司的掌舵人，老板常改变主意，根源是他心里没底，所以才会左右摇摆，举棋不定。

他不知道该往哪里走，却又只能一边默默害怕，一边硬着头皮往下走。

因为，只有他是真正为结果负责的人。

老板一怕就会变，员工就受累，但老板因为不怕而不变，公司可能就会死。

柯达曾是胶片相机领域无可匹敌的王者。在数码相机风靡全球时，他们仍坚持做胶片，最终，毫无悬念地跌下神坛。

当绝大多数手机厂商都搭载安卓系统，推出智能手机时，诺基亚仍执着于自己的塞班系统，广告主打宣传方向仍是曾经的超长待机。最终，它也黯然离场了。

理解老板的"变来变去"是因为他们的身份是领导者。

他们需要紧盯市场，时时调整战略与决策，最大程度确保公司持续存活。这是定位所决定的。

成熟的员工，犹如"转向助力"

员工的定位又是怎样的呢？

马东曾打过一个形象的比喻：老板如同考生，员工如同考生手中的铅笔。

答题时，考生做出判断，铅笔写下答案。考生回头检查时发现问题，铅笔要做的，应该是即刻擦除，重新按要求填写答案。

如果此时铅笔跳起来说："改来改去真的累，你最好写上去就别擦。"或者说："擦起来很辛苦，要擦5分钟才能擦掉哦！"

这样做，事实上是增加了考生的试错成本，逼着他一条路走到黑。

若考生因成绩不好被退学，一个退学的学生，就不会再需要铅笔了。

换个角度：如果铅笔容易写，容易擦，让考生能安心做判断，无压力调整，他一定会愈加青睐手中的笔。

所以，考生与铅笔，是相互成就的关系。

一个真正成熟的员工，除了要像铅笔，更应该像"转向助力"。

开过车的小伙伴都知道，最早的汽车没有设置转向助力，在掰动方向盘时，需要花很大的力气。

在转向助力技术发明后，我们打方向时，转向助力能消除摩擦力与阻力，让我们能轻松随意改变方向。

瞬息万变的互联网时代，多数时候老板也许并不知道何为对，何为错，他只有不停打方向、做判断，而一名优秀员工此时承担的角色，就是他的转向助力。

你的助力越到位，老板就越轻松，在压力减轻的程度下，他或许会慢慢减少朝令夕改。

帮助而非阻拦老板做选择，给予他充分的支持，是员工的职场专业，也是核心价值。

3种思维快速适应老板变化

那么，如何快速适应上级不断地变化？我想分享3种思维，供你参考。

1.多一圈思维

还记得前面提到的马歇尔·多普顿的"多一圈定律"吗？

职场中，如果我们也能保持多一圈思维，在尽职尽责的前提下，听任务做事情，总能想深一层，做细一点，当上级再次更改方向时，你一定更能体会他的心境。

进一步说，老板对你建立有更深的信任，他会倾向于给予你更多授权，朝令夕改的概率就会下降很多，这更有利于你后续的工作开展，从而形成良性循环。

2.局外人思维

很多时候，我们会因为老板的某个决策而恼怒，是因为自己身处局中，是这个决策最直接的"受害者"。

这时候，不妨抽离一点，尽量将自己置在局外人的视角，你可能会产生截然不同的思考。

他为什么要这样做？看起来应该不是针对我。

前后几个方案客观对比一下，究竟孰优孰劣？

这个事做成了，对我的收益点都在哪里？

…………

从这些角度想一想，或许你就不会再陷在一堆于事无补的负面情绪里，而以一份更从容的态度去看待他的"善变"。

3．向上管理思维

要记住，老板虽然是决策者，但千万不要让他真正"置身事外"。

老板提出新的需求是可以的，但你要按照新工作量做出权衡后，跟老板谈一谈：

时间窗是否满足？资源配置有没有缺口？人力是否需要补充？有没有什么潜在风险，该如何规避？

这四点的背后，都意味着成本的变化。老板如果真的打算做，势必要提供相应的资源和预算支持。

我虽然不鼓励咱们直接对老板的朝令夕改说不，但有理有据的分析利弊，并基于此，给出方案建议，争取相应的权利和资源，是一个卓越下属的分内之事。

相比无论老板说什么，都默默点头埋头就干，懂得向上管理，会争取更多资源的员工，无疑更受青睐。

因为在老板心里，这样的员工，才是真正替他考虑的"自己人"。

跟老板践行试错，不亏

不可否认，现实职场中，的确有不少只懂拍脑门、挥手瞎指挥，还不肯给任何资源，只想把你"往死里用的渣老板"。

但这不应成为阻碍我们客观评判决策者的藩篱。

彼得·德鲁克在《卓有成效的管理者》中曾说："**工作想要卓有成效，下属发现并发挥上司的长处是关键。**"

当你抛开情绪，带着冷静的眼光，去审视老板不断更改的决策时，或许你会发现，那一刻的他，比所有人更如芒在背，如坐针毡。

他不见得想那样，只是不得不为。

尽可能试着接受并相信上级决策，共同践行试错，多数情况下，你绝不会亏。

因为你们的关系、他对你的信任程度，在这样的过程中，只会增不会减，你也能收获额外的成长。

再退一万步讲，即便真走错了，也不用你买单，不是么？

月薪 5 万，每天无所事事，3 个月后果断辞职

"钱多事少离家近，位高权重责任轻。"这句话，大概是无数职场人梦寐以求的最佳状态。

"胡扯！"朋友老匡说，"稍微有追求的人，真遇到这种工作，能把你憋出病来，你信吗？"

我知道，老匡在说他自己。

他曾有一份令人艳羡的工作，在一家大型民企担任部门总监，月薪 5 万，还不包括奖金。

自从直接上级离职，公司空降了一个副总。

副总要培养自己的亲信，找到老匡，耿直的老匡不愿站队。副总便做了个局，借口组织架构调整，将他调去负责新业务。

说是新业务，实则是虚职。

手下没人不说，整天无所事事。各种会议、决策压根不需要他参加。

除了每月照常领工资的那一刻，他简直找不到一丝存在感。

3个月后，老匡忍无可忍，主动提交辞呈。

如今他在一家相对较小的公司当副总。工资没以前高，还比以前累。但干得风生水起，又恢复了从前生龙活虎的模样。

老匡笑呵呵地说自己就是天生劳碌命，爱"犯贱"。

但在我看来，他是真正看明白了"工作"这件事。

对老匡来说，工作的快感，早已不仅仅来自高薪，更来自于"被需要感"。

始终被需要，才会让人真正感知到自己的价值所在。

被需要，是自我价值最直接的体现

电影《寻梦环游记》中，有一个非常扎心的设定：

一个人即便去世了，他的灵魂在另一个世界依然是"活着"的。

他还可以思索，还可以与人对话，甚至某个特定时候，还可以回到阳间来悄悄探望在世的亲人。

而当世上再没有任何一个人想得起他，再没有任何一个人怀念他、需要他时，他才会彻底地死去，永远消失不见。

这个设定，生动展现了一个我们无法忽略的事实：

当你被别人需要时，你才有价值。

我做职场咨询时，经常会遇到一些职场新人表达他们的困惑和沮丧：

"投了上百份简历，回应者寥寥，甚至都没有面试机会！"

"薪资要求一降再降，我甚至都表示试用期可以不要工资，他们还是不要我……"

从表面上看，他们是因为找不到工作而苦恼；再深一层看，他们的沮丧，更来源于对自我价值的否定：

"没有一家单位需要我，原来，我真的有那么差？！"

马斯洛著名的需求层次理论里，将人的需求分成五个层次：生理需求、安全需求、社交需求、尊重需求和自我实现。

这里的所"被需要感"对应的，是第四个层次：**尊重需求**。

人是社会性动物，不可能离开社会孤立存在。**被需要感，其实是判断自身存在感的一种方式。**

当我们"被需要"时，实质是希望赢得他人的尊重，借此获得价值感和自信心。反之，当你不被需要时，便很容易感到沮丧。

这也是老匡即便拿着高薪，也要愤然离职的根因。

过分在意"被需要感"，容易变成讨好型人格

凡事过犹不及。

生活当中，我们也会看到很多人，因为过分在意"被需要感"，走向了另一个极端。

我的前同事小沙就是个例子。

她为人热情外向，经常主动帮其他人做事情。

比如，帮同事点餐、协助大家处理工作事务，甚至经常陪他们加班数个小时，即便那完全不是她自己分内的事。

很长一段时间里，小沙乐此不疲。

她习惯将别人的需求放在很高的位置。似乎只要满足了对方的需求，就能换来肯定和赞赏，于是便持续、不自觉地取悦他人，从来不懂得说不。

她谈了男朋友，也总是迁就另一半的各种要求，不断做出让步，还总担心对方觉得自己做得不够好。

后来，小沙发现，同事们对她的付出习以为常，似乎也并不感恩，甚至还会因为她某些事情做得不到位，或做得"过了"而责怪她；她的男朋友时常嫌她烦，说她事事都要插手，令他毫无自由。后来他提出了分手。

小沙郁闷又愤怒，她哭诉同事不识好歹，男友忘恩负义。

她的情绪起伏不定，一度陷入否定与迷茫中。

小沙这种情况，便是过分在意"被需要感"，属于典型的讨好型人格。

想通过持续不断地付出来获取满足感，在内心深处，期待对方能全盘接受自己的给予，甚至获得对等的回馈。

一旦对方提出异议或拒绝时，便会觉得深深受挫，认为对方把好心当驴肝肺，完全没有良心。

这样的思想，本就是一种错。

她很容易会让自己从一个不懂拒绝的老好人，变成过度付出、却无法收到回报的抱怨者。

无论哪一种，都过犹不及，都不可取。

眼睛"向外看"，让"被需要感"助力升职加薪

职场上，我们经常会说一句话：不是位置决定你的心态，而是心态决定你的位置。

如何合理看待"被需要感"这回事，为你的升职加薪之路添加助力？我想分享 3 点看法。

1. 向外看，延伸工作的意义

很多基层工作者经常吐槽："我工资又低、工作重复又琐碎，整天就被牵着鼻子走，就讨口饭吃而已，哪来什么'被需要感'？"

你的眼睛只"向内看"，看到的，当然仅仅只是你的工作本身。

如果你是个开小饭馆的，每天负责炒菜，来来回回只炒 4 样。从单纯的工作属性来说，确实太无聊了。

但若是眼睛向外看，能看到大多数食客交口称赞你做的菜，或者对你的菜持续提出意见，让你不断改进。

你积极参与他们的互动并收集反馈，或许便会让你跳脱出来，更有动力持续往下做，甚至能做得更好。

2. 懂得界限感和分寸感，杜绝做职场老好人

上文中的小沙，就属于全然缺失了界限感和分寸感。

什么都接，什么都做，把自己打造成了一个不会说 No 的职场老好人形象，大家习以为常，绝不会心生感激，只会觉得那是你本该做的。

正确的做法是，积极主动、乐于助人没问题，但要知分寸、守界限。

这里面有 3 个关键点：

只帮紧急重要的

这件事情对别人确实利益攸关，你关键时刻伸出援手，对方才会记得住。

只帮力所能及的

这件事在你能力范围之内，而不需要再去假手其他人。或者是你需花极大精力和时间才能勉强完成，还不一定做得好的事。

只帮值得帮的

每个人的时间都很宝贵，什么人都帮，这叫没有原则。

自己累不说，也不能获得你真正珍视的人的心。对方会想：反正你对大家都一个样。

3. 在亲密关系中形成依赖和共生

电视剧《请回答 1988》里有一个情节：

狗焕的妈妈要出门几天，回来后，发现狗焕和他爹不仅没有像预料中一样，把屋子弄得一团糟，还收拾得井井有条。

狗焕以为会得到表扬，妈妈却一脸失落。

爸爸秒懂，故意大喊让妈妈去厨房帮忙，妈妈立刻神采焕发，一边抱怨一边开心地去帮忙。

狗焕赶紧大声说："妈妈我想吃你做的菜。"

妈妈白了他一眼，也是一边抱怨，一边更开心地去做了。

妈妈在最初为什么失落？

因为看见整洁的房间，她感觉到，自己似乎"不被需要"了。

不管在生活还是职场，真正的亲密关系，一定是种依赖和共生。

我被工作需要、被同事需要，我的价值得到认可，这样的一种满足感，和金钱与工作量无关。

而这种依赖和共生，会让人上瘾，会充满意想不到的能量。

一句口头禅，暴露了你没有见识

前两天去姐姐家，刚高考完的外甥女在紧张地对照答案估分。

她时不时嘟囔一句："我就知道这题应该选 C 的！"

表姐耷拉着脸坐旁边，听她这样说了三四次后，没好气地说："我让你多检查、仔细点，你偏不听，还提早交卷！我早就知道一定会这样！"

小姑娘瘪着嘴，眼泪在眼眶打转，我赶紧拉她去吃饭。

她悄悄跟我说："我妈总是这样！她之前明明说的是该交卷就交，没必要耗着，现在又说什么'我早就知道'，你说讨不讨厌？她那么厉害她去考呀！"

我笑着宽慰了几句。

事实上，小姑娘说"我就知道这题应该选 C"和表姐说"我早就知道一定会这样"，是完全相同的心理。

心理学上有**后视偏见**。指的是一件事已经有结果后，无论之前

有没有做过"预判"，都会产生自己"早就知道了"的一种偏见。

很多人会因此而扭曲记忆，认定事情发生前，自己本就是这样想的。即我们俗称的"事后诸葛亮"和"马后炮"。

根源上看，这是一种自我宽慰的"利己"心理。

如若形成习惯，凡事开口闭口就以"我早就知道"自居，不仅会招人厌恶，更会严重阻碍成长。

朋友老姜之前跟人合伙创业，干了快一年。期间业务拓展得很快，盈利也不错，但他最终选择了退股离开，另起炉灶。

提及原因，老姜说，主要是有点受不了合伙人。

不管在客户还是员工面前，这个合伙人总把自己扮成一个"全知全能"的角色。

事情成功，他一定会说："看，我就知道能成！我这天生的市场洞察力还是很敏锐的！"

如果失败，他也会说："你看，我早就知道干不成的。你们非不听，就是一意孤行，现在搞得乱七八糟！"

老姜很不明白：明明是一起决策的事情，你这么厉害，早干吗去了？

老姜私下跟合伙人多次沟通，但徒劳无功。对方并不觉得有问题，反倒每次都会揪住结果作为论据，对老姜大加指责。

老姜心灰意冷，以退出告终。

像老姜的合伙人这种心理，就属于典型的"后视偏见"。

这类人的内心，最核心的逻辑是：**如果事情办成了，肯定是自己的功劳；如果办不成，一定是别人或外部环境的错。**

大家一定很熟悉这样的场景：

周末几个朋友相约爬山。若意外发现没见过的美景，就会有一个人立刻跳出来说："看，我早建议来玩，看到意外惊喜了吧！"

但如果突然下雨了，也可能马上会有人说："我早知道要下雨，你们非得出来折腾！"

一群人一起给老板做PPT。如果得到了表扬，有人会说："我就知道老板喜欢这种风格！"

如果被批评，口径就会立刻变成："我早知道老板不喜欢这种配色，你们就是不听！"

成功抢功，失败甩锅，背后透出的，是满满的利己与自负。

这样的人，注定难以获得别人的尊重和认同。

前两天在前同事社群，看到他们在热烈讨论一个有关"阶层固化"的问题。

一名同事旁征博引，举了一大堆名人案例：

任正非和华为现在这么牛，你们可知道他岳父曾经是四川省副省长？

杨澜厉害吧，你们可知道她老公是香港亚洲电视营运总裁？

潘石屹一直说"不管做什么行业，只要纯粹就好，人就怕不纯粹"，你们可知道他的发迹，是从跟女富豪结婚开始的？

…………

这名同事最后总结："所以，阶层固化就是事实，山鸡变凤凰、白手起家的事情，是根本不存在的。"

他还进一步延展了结论："像自己这种无关系、无背景的人，创业失败正常不过，不如打工更实在些。"

那一刻，我觉得他仿佛上帝一般无所不知。

他在等着名人们那层"不为人知"的关系浮出水面，然后能立刻洞悉世事地来上一句："你们看，我就早知道。"

可是，名人们在成功之前，你怎么不提前告诉我们？

基于别人已有的结果，去倒推出一个让自己能够接受的原因，这样的人，是很难以公平客观的眼光去看待他人的，也不可能反省自己的问题。

正如芝加哥大学商学院教授奚恺元在《别做正常的傻瓜》一书中所说：

"有后视偏见的人总在事情发生以后，觉得自己当时的预测就是

对的。所以，他们也难以从以往的失败经验中，学习真正有用有价值的东西。"

习惯后视偏见，对成长百害而无一利。

在生活与工作中，咱们该如何避免让自己产生后视偏见的心理？我想分享两点建议。

1. 提前留档

江江说过一个故事。

她和合伙人曾打过一个无聊的赌：她们公司曾有两个同时入职的新员工，后来成了男女朋友。

江江跟合伙人赌这对小情侣半年后的状态。

为确保公平，她俩各在纸条上写下预测，并锁进保险柜。

江江写的是"无疾而终"，合伙人写的是"关系依旧，有一个离职"。

后来，事实证明，她俩都错了。

半年后，小情侣没分手，也都没离职。

提前写下预测的结果，有文字留档，能很好地避免了任何一方在事后说："你看，我早知道……"

工作中，我们要求开会必出纪要，项目进展必发邮件，其实同理。

既是留档，也防矛盾激化。

2. 复盘时，以"假如我们当时"代替"我早就知道"

要做的事情如果最终失败了，或者跟预期不符，为了下次能做好，我们需要做复盘。

一个好的复盘，绝非互相埋怨，更不该甩锅，而应聚焦整改方案。

你不一定需要主动去揽责任，做背锅侠，但若能以"假如我们当时"这样的口吻开始，而不是用"我早就知道"来说话，结果会大不同。

比如，我们简单对比一下：

"假如我们当时把 ABC 这几个要素也考虑进去，可能就不是今天的结果了，对我们来说，这是个教训。"

"我早就知道没把 ABC 考虑进去是犯傻，看看吧，是不是被我说中了？"

前者诚恳，而后者……只会让你想马上反唇相讥甚至动手打人。

《复仇者联盟 4》里有个很燃的情节：最后与灭霸的终极大战中，美国队长一把抓住了雷神的锤子，用它将灭霸胖揍了一顿。

雷神兴奋大叫："I knew it！（我早就知道！）"

这个梗，对应的是《复仇者联盟 2》里，所有英雄都举不起雷神的锤子，唯有美国队长将之稍微晃动了一下，引起了雷神的注意。

同样是"我早就知道"，为什么雷神说出口不让观众和美国队长反感？

原因很简单：**侧重不同。**

抱持后视偏见的人，说这句话的侧重永远在自己，要么自己牛，要么我没错。

而雷神这句话的意思显然是：我就知道你够牛，你一定能办到！

换个侧重，试着学会欣赏别人，我们也可以把"我早就知道"，变成一句人人爱听的好话。

Part 3

自我管理

出色完成本职工作，力所能及地保持清醒；与人为善，避免平庸，持续学习；守住自己，不吝付出。这就是最好的规矩。

持续成长的你，一定不会被时代淘汰，不会变成自己讨厌的模样。这样的你，无论走到哪里，都只是为自己打工。

为什么太敏感的人更易成功？这是我听过的最好的答案

这几天跟温蒂的老上司、分部老板安蓝一起吃饭。安蓝主动谈起温蒂，说小姑娘成长很快，现在独当一面，带领着一个部门。

两年前，应安蓝的邀请，我到她的公司做管理讲座分享。温蒂很认真，得到了最佳学习奖，收获了安蓝送出的小礼物与跟我的一对一咨询。

我记得她在咨询时很羞怯，谈到困扰自己的问题时，局促不安。

她说，公司 20 多人分成三组，都在一间开放式办公室，每个人的空间不大。工位由半高的遮板隔开。虽然坐下就看不到同事，但隔壁的说话声会传过来。很多时候，温蒂都能感觉到强大的噪音，这让她没法集中注意力。

前排的几个同事，特别喜欢谈论综艺八卦，常常是一有人开了个头，他们就停不下讨论与欢声笑语。有一次，温蒂在进行一个重要客户的电话采访，隔间的小伙子竟然在说荤段子，笑声震天。这让温蒂非常尴尬，她死命捂住话筒，生怕对面的客户反感。

这种情况，让温蒂不适又难受，她试着跟同事提过，能不能小点声，但收到的是不理解、看怪物的眼神，又因为她不爱参与讨论，被大家在背地里骂矫情、作。

她也不知道怎么跟老板说，因为她怕会被说太敏感、太玻璃心。

"有时候，我也会想，我是不是有病？为什么人家都不是这样，而我，从小就特别在意这些？"

温蒂的困扰，问题其实正出在"敏感"。她不是矫情，也不是玻璃心，更不是生病。她只是高度敏感而已。

像《红楼梦》里的林黛玉，敏感心细，说话犀利刁钻，不好相处。大家都普遍认为林黛玉是个刻薄、小心眼的人。其实，林黛玉是高度敏感者。

高度敏感人群有很多，世界上有 15%~20% 的人是高度敏感者，在我们周围，每五六个人中就有一个高度敏感者。包括安蓝，也是一个高度敏感者。

我鼓励温蒂把自己的困境向安蓝陈述，并告诉她，安蓝一定会处理好的。

果然，同样曾经身受高度敏感之苦的安蓝在倾听了温蒂的烦恼，以及我的建议之后，很快就解决了问题。她在征求温蒂同意后，在自己办公室外的空地，简单做了装饰，形成一个小隔间。温蒂离开了员工的大办公室，在这儿独自办公。

正因为温蒂在安蓝的办公室外，距离老板近，干了不少活儿，无形中得到了非常多的锻炼机会。为后来升作安蓝的助理，被总部挖走奠定了良好基础。

温蒂遇上安蓝，很难得。她这种对环境、空间敏感的高敏感者，能得到一个自己的独立空间，更难得。

但在现实生活中，很多高度敏感者往往是无法求仁得仁的，那么，他们该怎么办，该如何在职场中生存？

什么是高度敏感

"你脸皮别这么薄行吗？"

"你得调整自己，你得去适应环境。"

"你能不能不要这么较真？"

"你太脆弱了，真是玻璃心！"

别人是不是常常对你说这些话？

在平常的生活中，你总是对一些微不足道的事情久久不能释怀，你容易受到外界的干扰，常常感到力不从心，一件小事就容易把自己搞得心烦意乱。

遇到问题，身边的朋友都很心大，都满不在乎，而你却用了很长时间才恢复平静。

如果你表现得与众不同，就会有人说，你真矫情，真敏感，真神经质。但请相信我，他们说的都不对，你不过只是高度敏感而已。

卡特琳·佐斯特在其著作《高度敏感的力量》中说，**高度敏感是指感知力敏锐**。与一般人相比，高度敏感的人在质量和数量上能感受到更多的刺激和信息，并且可以更深入地加工它们。

高度敏感的人天生有一种特殊的神经系统，能够深入地感知并处理受到的刺激，他们拥有一颗细致入微的心，感觉灵敏。高度敏感，是一种特质，它是天生的——由基因决定。

举几个例子，就能感知生活中高敏感者的状态。

例如，对气味的敏感。在地铁中，混杂着各种气味。如果是狐臭、口臭、劣质香水等，会让对气味敏感的人士感到无比难受和辛苦。如果有盘腿脱鞋，散发脚臭的，高敏感者就已经完全没法忍受了。就算脱离了那个充斥恶劣气味的环境，不适的味道貌似仍然会停留在鼻间。

例如，对声音的敏感。乘坐过夜的火车，乘客的鼾声会令高敏感者彻底不眠。甚至火车跑在铁轨上的咣哐咣哐声，也能令高敏感者睡卧不安。

例如，对情绪的敏感。很多人在失恋后，会难受一段时间，然后就慢慢痊愈。但高敏感者总是被情绪左右，不管是否愿意，眼泪就是止不住地流，很难再感到轻松。

....

瑞士高度敏感研究所所长布里吉特·屈斯特指出，高度敏感者有3个明显的标志：

喜欢舒适的环境；受到刺激后会产生过激反应；接受刺激后，需要很长时间才能恢复。

从以上的举例，都能看到高敏感者在生活中的劣势，他们中的一些人，甚至会因为过度刺激导致整个人变得具有攻击性。高度敏感者给自己带来许多烦恼和痛苦。高度敏感，似乎是一个缺点。

但恰恰相反，在现实生活中，具有"高敏感"这种禀性的人，往往有极大优势。为什么这样说？

高度敏感者的与众不同是一种优势力量

高度敏感研究者伊莱恩·阿伦用 DOES 公式概括了高度敏感人士的主要特征。

D：代表 Depth of Processing，即信息处理的深度。

O：代表 Easily Overstimulated，即在受到过度刺激方面，高度敏感的人比一般人更容易也更迅速。

E：代表 Emotionally Reactivity and High Empathy，即在感情方面易受触动。高度敏感的人对积极的刺激反应更强烈，对消极的刺激反应更深刻。

S：代表 Sensitivity to Subtle Stimuli，即高度敏感的人可以

感受到非常细微的刺激，而这些刺激是一般人感受不到的。

通过这 4 个特征，我们可以感受到，高敏感者在很多方面的感受力，是普通人所不能达到的。

我们来举几个例子。

特征 O：前些年，我看报道说一个妈妈跟孩子在家里，孩子突然说有煤气的味道，但妈妈使劲闻，还是没有。她当时在一边打电话，一边给公司传邮件，手忙脚乱。她认为是孩子过于敏感。但后来，孩子执意到厨房去看，原来是汤洒了，明火被灭了，厨房中就有煤气味。

此例中，高敏感的优势，在于一种自带的安全警报。

特征 S：我们熟知的豌豆公主，能在睡觉时感觉到压在 20 张床垫及 20 张羽绒被下的小豌豆，她这样的高敏感者，就可以去做这一类检测工作。

书籍作者卡特琳·佐斯特本身是一名高度敏感者，她曾经受困于自己的过度敏感，如今她突破困境，成为高度敏感性研究专家，帮助很多人走出困境。她鼓励高度敏感者利用自身敏感的特性优势，发挥敏感的力量，做内心强大的自己。

所以，"任何事物都有两面性"，高度敏感人士也有着无可比拟的优势。

3 个发挥敏感力量的策略

如何利用感觉天赋，转化成其他人没有的优势力量，找到真正的自己？我想分享 3 个策略：

1. 向内审视，遵循本心

坦然接受自己是个高敏感者，把注意力放到自己的潜力与优势上。接受自己的感知方式，承认人与人之间的差异。

没必要因为自己的与众不同而丧气，也允许别人的不理解，接受每个人的认知是不一样的，不用强求一致，原谅自己和他人。

坚持自我，不要活在别人的期待和评判中，摆脱受保护和对立的姿态。把注意力集中在当下，不要被其他因素困扰，有自己的目标，找到内心的满足感。

2. 真实透明地表达自己

把所有能让自己变得强韧的因素都融入生活里，想一想，你可以以何种方式、在哪里、和谁在一起获得力量？需要什么事物来让自己过得更好，让自己能够时常充电？

学会非暴力沟通。在沟通中，告诉对方自己的观察，说话客观描述，不带情绪，真实透明地表达出自己的感受，让对方了解自己。比如温蒂，就很好地向安蓝表达了自己的想法。

如果你遇到的不是安蓝这样的上司，也应该做一次尝试。毕竟，不沟通，你的上司就永远无法得知你处在一个难以忍受的环境中。

如果碰上无法理解的领导，又实在无法忍受，可以考虑换一个更有利于自己的环境。但不管结果如何，都应该提出自己的状态与诉求，这样对方也更容易理解并做出回应。沟通，其实只不过就是双方在寻求一个平衡点。

3.接纳压力，积极运动

高度敏感者因为敏感的原因，更容易疲倦，保证充足的睡眠，实行健康的生活方式，运动锻炼，更有利于恢复精力，调节身心至最佳的状态。

在实际生活与工作中，高度敏感性有利有弊，这可以成为你的负担，也可以成为你的优势。你不需要改变自己和适应环境，只要勇于认识接纳自己，努力保持内心平静，聚焦当下，发挥潜能和优势，清醒对待生活中的各种挑战就好。

诚如卡特琳·佐斯特告诉我们的：

与众不同不是一种负担，它是造物者的礼物。不要再自我怀疑，是时候换种生活方式，不要再乖乖听话。我们的人生就是要摒弃各种干扰，利用自身的感觉天赋，活出真正的自己，让自己敏感、温柔而坚韧！

工作多年仍在公司发展缓慢，这3种人应改变自己

前同事小朝来找我诉苦。说自己工作 6 年，每天任劳任怨、早出晚归，领导却对他的努力视而不见。

他羡慕又愤愤不平："你看，你们升职的升职，创业的创业，都混得风生水起。我呢？现在还在公司最底层，工资拿得最少。

"我们领导总嫌弃我慢，难道就没看见我的努力？龟兔赛跑里的乌龟够慢了吧，可最后还不是因为努力夺得了冠军。"

我想了想说："你有没有想过，龟兔赛跑的故事，其实不是说给乌龟听的。它并不是表达：努力就能得冠军。"

小朝听了，明显愣了愣，说："什么意思？那是讲给兔子听的？"

我点点头："对，龟兔赛跑是告诉兔子：别睡觉，要汲取教训。下回再跑，它只要不出幺蛾子，是肯定能赢乌龟的。毕竟，没有天生比兔子跑得快的乌龟。"

小朝困惑地问："你的意思是，努力是没有用的？"

我说："努力当然有用，但一只正常的乌龟在一只正常的、不睡觉的兔子面前，没用。

"所以你的努力，不能用龟兔赛跑来形容。"

总有人会有一种错觉，认为自己只要付出足够长的时间，肯吃苦，就会有回报。

可是，**投入的时间并不能和成功直接画等号，干活时间长短不是衡量一个人努力与否的标准。**

小朝委屈，觉得自己的努力领导总是看不到。其实，他的领导也委屈，这种"低耗努力"型的员工，往往是"有毒员工"。

不要做这 3 种"越努力越无助"的员工

《别让无效努力毁了你》这本书中曾提到，高效能的三要素是时间、能量和注意力。

而在这 3 件事上栽跟头的员工，往往就是"越努力越有毒"类型，也往往最让领导们无奈。

那么，这 3 种有毒员工怎么分辨，他们有哪些表现？

简单概括来说，就是 4 个字：**不会管理。**

1. 不会管理精力，只做线性努力

线性思维是一种直线的、单维的、缺乏变化的思维方式。**从本质上来说，这是一种从自我认知出发的思维模式。**

具备这种思维模式的人，在生活与工作中，如果想要做到 10%，完全可以通过努力换得。但**如果想突破甚至超越 10%，线性努力就不太能做得到。**

纪录片《人间世》里有个担架员徐晓明，日常工作是把患者抬上救护车，送往医院。

由于每天工作强度大，徐晓明总是干得筋疲力尽。

看到身边不少同学赚了大钱，自己很辛苦，徐晓明感到不满足，他想跳槽。

但他妈妈对他说，别想那么多花花肠子，踏实努力干下去吧，你只要做好这一件事，以后什么事都难不倒你。

在医疗系统里，担架员不属于专业技术人员职称系列。与临床医生相比，担架员业务单一，上升空间几乎为零。

也就是说，即使徐晓明再努力、再认真，他所拿到，只会是上文说的 10%，这已是他的收入天花板。

如果想像同学那样赚取更多财富，徐晓明仅仅依靠每天重复又重复的线性努力，是赚不来的。

2. 不会管理注意力，就是在无效用功

松浦弥太郎在《思考的要诀》中说：**其实，只要认真起来的话，你能在 3 个小时内持续专注于某一件事。**

管理注意力，就是提升专注力。这是一种专注投入做某件事，从而获得愉悦感体验的能力。它可以看作是一种"心流"的状态。

什么是"心流"？

心流就是当你特别专注地做一件目标明确而又有挑战的事情，而你的能力恰好能接住这个挑战时，可能会进入的一种状态。

小孩子专注力的缺失，最典型表现是写作业时玩手、转笔、抠桌角，注意力不能聚焦在学习上。

成人缺乏专注力，更多体现在每时每刻，忙于应付外界的各种干扰。

所以，注意力管理最能检验一个看似一直忙忙碌碌的员工，是真努力，进入了心流状态，还是无效用功，只是在做做样子。

3. 不会管理时间，缺乏价值成本思维

一个人可以在 10 分钟内看完一份报纸，也可以看半天；

一个大忙人 20 分钟可以寄出一大沓明信片，但一个无所事事的老人可以花一整天：

找明信片一个钟头，寻眼镜一个钟头，查地址半个钟头，写问候的话一个钟头零一刻钟……

以上，是有名的帕金森定律。

该定律表明：只要还有时间，工作就会不断扩展，直到用完所有的时间。

换一种说法就是，工作总会拖到最后一刻才会被完成。

托尔斯泰曾说，**人生的价值，并不是用时间，而是用深度去衡量的。**

如果不精于管理时间，就会拖延、忙乱，时间成本耗费越高，质量产出越少，价值也就越低。

一旦在错误方向上进行了无效努力，你所谓的苦，就不值一提。

两种行之有效的努力之策

在工作中，如何不拖延、不怠慢，杜绝掉无效努力呢？有两个行之有效的努力策略，供你思索。

1. 从线性增长到复利增长

低效的线性努力带来的是线性增长，而高效努力是复利增长思维模式。

线性收获只能维持一段时间，不管你怎么努力，你的收入都只能得到线性的增长，如下图：

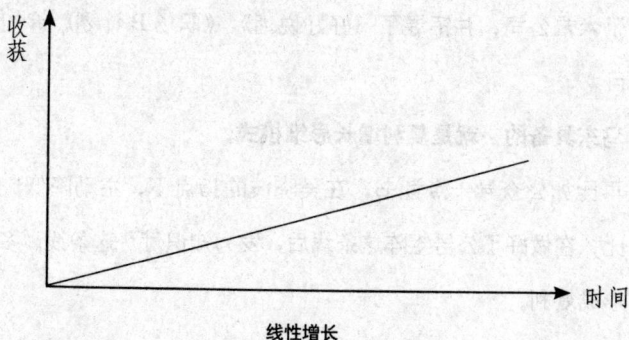

线性增长

这个时候，你要解决困境，需要复利增长。如下图：

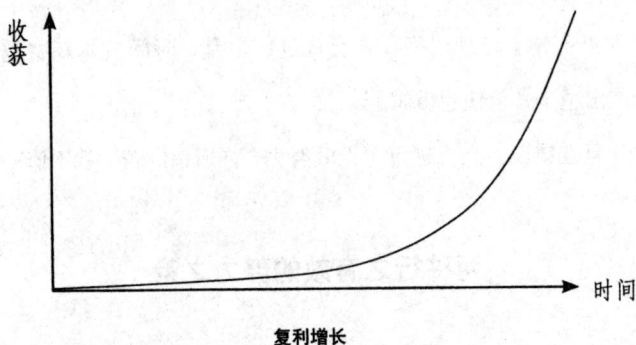

复利增长

复利思维的本质是：**做事情 A 会导致结果 B，而结果 B 又会反过来加强 A 不断地循环。**

正如对折一张纸，每一次都把之前的结果翻倍！

马东从央视辞职，进入爱奇艺，打造了一档大火节目《奇葩说》。

如果他一直是围绕节目，继续打磨、改进，争取综艺奖项，领着这节目一条道儿走到黑，那他收获的成果就是线性增长。

但马东没有这样做。他在这条线做到极致之后，迅速另起炉灶，建立了米未公司，并拓展了《好好说话》《职场 B 计划》等知识付费栏目。

马东具备的，就是复利增长思维模式。

再比如公众号十点读书，在吴晓波的指点下，主动降低广告收入占比，在做好了公号矩阵这条线后，发力知识付费这条线。多线交汇，形成复利。

所以，**复利增长模式通常是一种螺旋向上的方式。**

只要你愿意持续努力，最终努力的成果会非常显著。

财富的积累也是如此，极少的资金经过不断地重复利滚利，长时间下来也会是一笔很可观的资金！

2. 从对数增长到指数增长

在对数增长模型中，如下图：

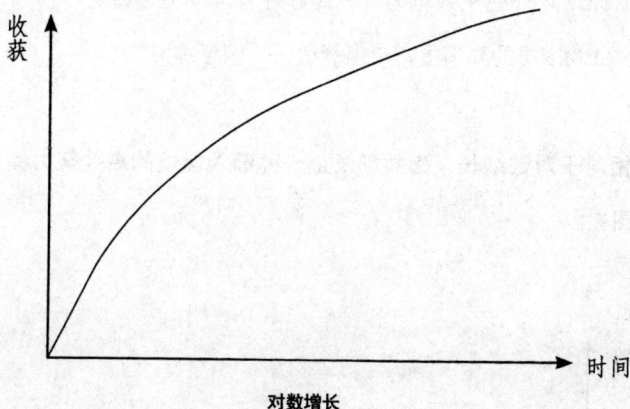

对数增长

一开始，技能的进步速度非常快，随着时间的推移，斜率趋缓，进步的速度越来越慢，最后到达停滞期。

后面你花再大的时间，也几乎没有任何进步。

生活里有很多这样的例子，比方我们学骑自行车，在一定的时间段内学会了。但你要是想成为专业车手，那得花更多的时间，做更周密的计划与执行。

还有体育运动、英语学习，都属于对数增长。

你开始锻炼的前几天，进步神速，但过段时间稳定下来，再想进步就没那么容易了，想成为职业的体育选手更是难上加难；

花了几星期，英语很快就摸着门道，但要像本地人那样地道顺畅地表达，也很难。

对数增长模式最困难的点是"突破不了"。

所以，想杜绝无效努力，就要好好管理你的注意力，持续地专注在你认为困难的事情上，走出舒适区，刻意练习。

相对于对数增长，指数增长是一种渐入佳境的高效努力模式。

如下图：

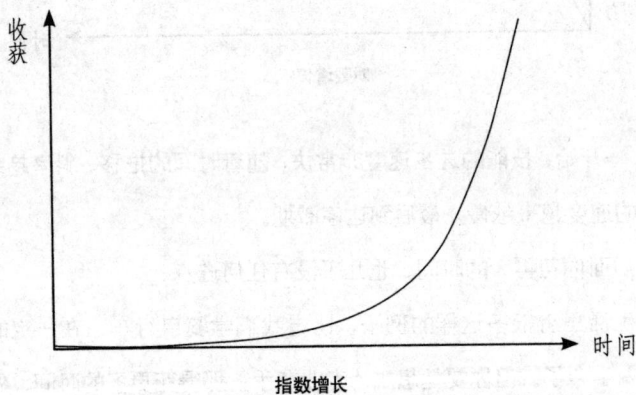

指数增长

上图中，曲线长时间平缓，代表收获随时间推移几乎没有增长，但到达某个时间点后，曲线突然变陡，代表技能增长越来越快。

企业成长就属于指数增长模式。

前期长时间人少事多，各种困难，没钱没人没战略。熬过长时间，突破临界点后，飞扬起来，大众才得以知道。

一夜间，这家企业崛起了。华为是这样，传奇老人褚时健所投入的褚橙也是这样。

技术进步、科研、个人财富增长，都属于指数增长模式。

指数增长模式最困难的点是"熬不过去"。长时间看不到希望，就退出了。所以，杜绝无效努力的方法，是你得分解任务。

在时间段里，有目标、有修正地去攻克，长期坚定执行才有收获。

对数增长的缺点是容易看到天花板，指数增长的缺点是容易放弃。

前者回报快，后者的成功会有"破茧成蝶"的感觉。二者都需要用对方法，高效努力。

无论是运用哪一种成长模式，合适自己的才是最好的。

诚如作家小岩井所说：

真正的努力，应该是一种明白自己在做什么，又能时刻投入在当下和其中的自控力，并非内心的烦躁和表面的废寝忘食。

名校生要求月薪 2 万：不怕你怀才不遇，只怕你眼高手低

最近，一条关于求职的微博火了：

一位林姓博主发帖说，自己公司的 HR 面试了一个应聘前台工作的应届生。

在得知"前台不用负责行政，薪资可能不会太高"后，小姑娘说自己要求并不高，然后淡定抛出：2 万。

林博主作为一个旁听者，都淡定不了，当场问了一句："2 万？您是认真的吗？"

小姑娘给出答复："是啊，很认真啊，我是名牌大学毕业的，所以我认为 2 万并不高。"

震惊中的 HR 说："我们发布的时候，这个职位的薪资是 3000~5000 元，我想您可能看错了……"

小姑娘立刻反驳："但是你们发布的时候，还有一条是有能力的话，薪资面议，我觉得我有能力。"

林博主忍不住又问："那您知道前台都需要做些什么吗？"

小姑娘依旧自信满满："前台就是接待访客、做些登记，其他的难道不是行政要做的吗？如果前台加行政的话，我认为我可以要求2.5 万……"

最后，HR 在 10 分钟内，结束了与小姑娘的对话。

林博主说，她在微博上分享这次经历，是忧虑当下的应届生，存在着对薪资要求过高的问题。

的确，我们在为年轻人肯定自我，敢于主动出击、直言表达的同时，也要看到另一面：资历尚浅的应届生，择业观如果脱离现实，一味拔高，就有可能导致择业的失败。

择业期望值，是择业目标能否实现的关键。

决定薪酬的不是你的能力判断，而是别人对你价值的认可

TED 演讲《没有人会根据你的价值付你薪酬》中，专业定价顾问凯西·布朗告诉我们，跟老板"讨价还价"的关键是：估值定价。

没有人会按照你真正的价值，付你薪酬，老板们只会按照他们对你的估值来定价。

如何让别人认可你的真正价值，并给出你满意的薪酬？像上文中的小姑娘那样，仅靠说"我觉得我有能力"，是办不成事的。

这场演讲中，提到了 4 个重要问题：

公司需要什么，我如何帮他们实现？

我与别人相比，独特的专长是什么？

我能提供什么服务，是独一无二的？

我能解决什么问题，为公司增加多大的价值？

当凯西·布朗将 4 个问题梳理清楚，并根据自身能力所达到的程度，做好填写，汇总成提价方案交给老板后，她很快得到了她想要的价格。

很多时候，你的价值不由你判断，老板的估值、认可才是定音之锤。

做新媒体之后，我认识了很多编辑和作者，听到了各种故事。前些时候，私交甚好的路路就跟我说了一件她公司里的奇葩事。

路路是公司唯一的内容责编，任务挺重，负责选题、与写手联系、催稿改稿等文字工作。

12 月初重定薪酬标准，她的工资比画师、排版要高一些。同事亚辉看到后，在工作群里愤言，说文章他也有修改，薪酬却没有体现。

"我也应该归入内容编辑，因为也干了文章调整的活儿，像语句不通、主语缺失、形容词赘余、动词不准确、成语错误使用等等，我都帮了忙改正。"

接着，亚辉在群里展现他的"文学能力"，大谈新媒体文的写法。

路路说，其实他是公司请来排版的，负责 3 个公号。排得一点都不上心，每篇就套个模版，大概花费 10 分钟。

而自己从选题到出品，期间要跟写手来回磨稿，常常一篇文需要好几天时间。他的薪酬已经是自己的三分之一，还觉得不满。

后来，编辑们在群里建议，让亚辉像路路一样，自己负责一篇文，从选题到出品。亚辉也像那小姑娘，自信满满回复："好，可以试试。"

我问路路："结果呢？"

"结果就是……他一篇爆文也没写过，也从来没有投稿经验。他说的那些新媒体文写法，都是百度上的套路学。老板说，术业有专攻，他排好版就行。"

没有老板是傻瓜，**你自以为是的能力，并不能换来期望薪酬。**

想挣钱，得先值钱。定价的那个，不是你，而是对你价值认可的人。

张扬野心的最好办法，不是展示学历，而是展现实力

在越发注重能力的时代，学历只是基础，是敲门砖。

作家刘诚龙曾经做过一个很有趣的试验，他把两份名单给 10 个人看，问他们对这些人是否熟悉，为什么熟悉，结果很出人意料。

A 名单：

傅以渐、王式丹、毕沅、林召堂、王云锦、刘子壮、陈沅、刘福姚、刘春霖。

B 名单：

李渔、洪升、顾炎武、金圣叹、黄宗羲、吴敬梓、蒲松龄、洪秀全、袁世凯。

结果，10 个人对 A 名单中，一个都不知道的有 7 人；对 B 名单中的大多数人，全都知道。

熟悉第二份名单的，比熟悉第一份名单的要多得多。

可是，在当时，A 名单的人物比 B 名单中的人物更辉煌与显赫！

A 名单里，全是清朝的科举状元；B 名单里，全是清朝的落第秀才。

两份名单的简单对比，说明当初成绩不好的，到了社会未必难出成绩；学习好，到了社会也未必如鱼得水。

要达到同样目标，学习不好的，肯定要比成绩好的要付出更大代价。

进入名校，是拼赢了高考独木桥的优秀者，但**人生有千条路，条条通罗马**。只要方法得当，锲而不舍，不论是科举失意的秀才，还是高考落第的学子，都照样可以大展宏图。

向老板昭显自己有匹配野心的才华，最好的方法不是展示学历，而是展现实力。

《任正非正传》里，记录过这样一个故事：

北大毕业的某新员工，刚进华为就针对公司战略发展等宏观问题，给任正非洋洋洒洒写了一封万言书。

殊不知任老板毫不客气地批复："此人如果有精神病，建议送医院治疗；如果没病，建议辞退。"

自诩出身名门，想靠一封谏言引起老板重视，但初入社会，毫无企业管理经验，也未对公司所处环境、商业模式做深入研究，却直接妄谈公司战略，无异于纸上谈兵。

高薪，倾向理论深耕的高学历人群，却更偏爱能干硬仗的真知实践派。

人生还长，学历和能力，是修行路上的一对翅膀

之前看到一个故事，让人感慨。

"棒棒"是对重庆街头挑夫的特称，46 岁的贺东伟可能是学历最高的棒棒。

他自学考上西南政法大学法律本科，是别人眼中的"高材生"；但毕业后干了 11 年"棒棒"，最少时一天只挣 10 元钱，却又是别人眼中的"失败者"。

工友劝他靠文凭找工作，他说："文凭用不上，就当丢了。"

这话，让人不忍心再看视频。贺叔的笑容，尴尬又无奈，他说，他可能一辈子都要干苦力了。

不是所有没学历的人都混得不行，也不是所有高学历的人都混

得好，但人生那么长，一切无定数，远未到结束。

才子陆步轩，曾以高考文科状元的身份考进了北大中文系。2003年媒体报道的一篇"北大毕业生卖肉"的新闻，让他成为舆论焦点。

大众对于他的处境，多用"沉沦"来形容，堂堂名校高材生竟然去卖猪肉，这太让人大跌眼镜了。他自己也觉得自卑，"给母校丢脸了"。

陆步轩曾说："我还是喜欢研究语言，尤其是对方言很感兴趣，其实我最适合去做编辑词典的工作。"

后来，他做了12年体制内工作，负责编撰地方志。当所有人以为他就此过一生的时候，50岁的他毅然再次辞去公职，重操旧业卖猪肉。

如今，陆步轩事业越做越大，年销售额达10亿，从曾经的笑话到今天的神话，行路艰难，苦乐参半。

人生漫长，学历是优势，能力是胜势，二者一起扇动，才能更快成长。

《权力的游戏》里，狮家的主人泰温·兰尼斯特有句话："狮子从来不会去问羊的意见。"

未来社会给予人才的平台会越来越多，竞争越来越激烈，再也不会存在酒香、巷子深。

新形势下，不怕怀才不遇，只怕眼高手低。

愿你有学历、有能力，不似羊群，永远待在一个区域；能如狮子，勇猛寻找猎物，让才华在合适的平台熠熠闪光。

走向卓越，从远离这 5 种职场谎言开始

职场如战场。

很多人说，不懂点职场潜规则，怎么摔的都不知道。

只是，并非所有看似中肯合理的"潜规则"都要参考，那些被疯狂转发、传扬的人际定律，也未必全都值得借鉴。

真正聪明的职场人，都懂得一入江湖，谨言慎行，远离职场谎言。

谎言 1："任务尽量卡点提交"

上周，刚工作没多久的堂妹在微信上问我，定时邮件怎么设置。

我教完，顺口问为什么要发，她得意地答，这是带她的师父教的。

"截止时间是明早 9 点上班前。师父教我，不必提前完成。若真的做完了，也要设置成凌晨 3 点，定时发出。"

我听得皱眉，问她为什么要这样做？

"师父说，一来显得我敬业，奋斗到大半夜；二来，也体现安排给我的工作量足够，领导不会再给我派额外的活了。"

"你这个师父在公司混得怎样？"

堂妹想了想回复："不太好。他人不错，但来公司四五年了，好像一直不怎么受重用。"

我叹气，阻止了堂妹的行为。

"如果你不想成为另一个不受重用的他，任务既然完成，就别拖到截止时间。现在就发。"

截止时间，在英文里叫 deadline，字面直译非常清晰：死亡线。**公司设置 deadline，不是表达默许，是表达可容忍的最后期限。**

deadline 过了，在职场上是绝对不接受的。而每次都卡着 deadline 提交的，在上级心里最多也只是"及格"，不是"优秀"。

既然做了工作，又想着涨薪、升职、希望更受重用，你只达及格线就可以？

谎言 2："给多少钱，做多少事"

最近听到最多的一句话，尤其出自刚毕业的职场新人："才给 3000 元，还想让我做这做那，想多了吧！"

话没错，也符合平等原则，只是，可能弄反了。

举个例子。顾客到超市买东西，发现里面什么都没有。店家振振有词："你有多少钱，我才决定上什么货。"

这时顾客会怎么想？——"真搞笑，我都不知道你有什么、质量怎样，我怎么知道值得花多少钱？"

对还不够了解的双方来说，公司和老板就是顾客，你就是超市店家。

所以，这事其实很好理解：你先充分展示自己有什么，公司再评估付出多少钱。

诚然，也一定会存在这种情况：某些坏公司和渣老板，一味压榨你干活，钱没给多少。

若真是不幸碰上，那赶紧抽身，另投明主才是正道。

罗振宇曾经讲过他一个朋友的故事。这个朋友在杂志社做编辑，不管编辑任何文章，都只用 3 个组合键：复制、全选、剪切。

"多一个，我都不用。" 朋友还挺得意。

罗振宇问："那，你这样编出来的文章好吗？"

当然不好，朋友也承认。他知道自己的水平下降得厉害，但是老板给的钱少，他情愿就这么凑合。

越凑合，老板越讨厌他。终于有一天，被忍无可忍的老板扫地出门。

"给多少钱，做多少事"这种逻辑的真正可怕之处，是它会造成一种自我麻痹和故步自封。

表面看，你好像是不吃亏，因为 3000 元的月薪，真的不值得为这破公司考虑更多。

可你为自己考虑过么？破公司哪天不要你，或者倒闭了呢？找个下家继续混吗？

每一步，都算数。你不是在敷衍工作，是在敷衍自己。

以当前薪资来衡量付出，看似很合理，实则是画地为牢，封死了自己成长的可能性。

我的前人事总监曾说，一个聪明的员工，会尝试做到三方面的内容：岗位要求、公司规范、老板要求。

做到前两点没人会表扬你，因为这本是你应该做的。真正有附加值并能大概率决定你晋升可能的，是最后一点。

谎言 3："功高震主，要保持谦卑"

无数历史故事告诉我们，那些功高震主的权臣没一个有好下场，我们要习惯谦卑。

于是职场谎言应运而生：你绝不能表现得比自己的上级更聪明、抢了他的风头，否则也就混到头了。

就我多年的职场经验来看，纯粹瞎扯。

从做事角度，我们分两种情况分析一下。

1. 小公司，你的上级就是老板

你工作能力强，表现欲强，怎么就震主了？难不成还能把公司翻个天，将法人换成你名字？

碰到能干的员工，老板估计喜欢还来不及，甚至会考虑把你吸收为股东或合伙人，为什么要压抑你的才华？

2. 大公司，你的上级是管理人员

你的上级和你一样，也是打工的。你负责某项具体工作，他负责管理。

你说，不想表现得太突出，以免让他感受到威胁，给你小鞋穿？

不好意思，你俩分工都不一样好吗？他拿着高你几倍的工资，却和你一样，来盯着细节，最后还担心你拿这个去抢功？

不存在的。

若和上级一起向更高层领导汇报工作，自然是上级主说，你最多补充细节。你补充得再多、再好，高层领导心里也是会有杆秤。

若和上级一起出去见客户，你非要视上级于无物，一再抢着说……

这也不能叫"功高震主"，就是单纯缺心眼儿吧。

在分工越来越细致的时代，很少会有因为"功高震主"被干掉的员工了，反倒是中层们都在积极培养合适的接班人。

只有有人能接下他的工作，他才可以顺利获得晋升。

好好干活，别太多被迫害妄想症。多跨出一步，多站在上级角度考虑问题。相信我，他们只会觉得，有这样能干的下属，是自己赚了。

当有一天，你的本事真"震"到他，那你离升职也不远了。

谎言 4："我是来学习的"

在前公司时，我曾带过一个新人小宋。那段时间经常要接待一些外地过来的客户，忙不过来时，我就安排他负责其中几条线。

小宋人有些木讷，我特地做了行程表给他，并详细告知对接时的基本话术和注意事项。

没过几天，小宋来找我诉苦，说他干不了这事，申请换个活儿。

我问为什么，小宋答，他不擅长跟人打交道，感觉同事小 X 挺开朗，应该更合适。

我表示理解，调他回部门做技术工作。

过段时间他又说，自己现在做的事很重要，怕出错，同事小 Y 经验丰富，看看能否改为小 Y 主负责。

其后几次部门会议，我每回安排任务，小宋都说，他觉得某某同事刚才说得特别棒，可能他更合适吧。

我私下找他谈，他委屈地说："我怕做错事，就想再多学学……"

那一刻我心里只有一个疑问：这位同学，你到底是怎么通过面试的？

之后的转正考核，小宋是唯一被淘汰的实习员工。

身在职场，学生思维特别致命。

我不懂，所以你要教我。

我不会，所以退缩或犯错可以原谅。

我想学，所以公司应该提供培训机会。

…………

对不起孩子，这是职场，没有谁有义务必须要教你。

真正想学的人，不会停留在一句"我想再多学学"，一定是在具体的工作任务中，为达成目标想尽办法，寻找差距。

在这个过程中，上级和同事都可以是你的资源，前提是，你得自己先真正有所行动，并勇于担责。

谎言 5："职场不可能交到真朋友"

为什么同窗之谊比较深厚？因为单纯、纯粹、没有利益纠葛。

所以，就出现了这样的言论：职场上，不可能交到真朋友。

毕竟，"我是来工作的，不是来交朋友的"。

《职来职往》的嘉宾岳屾山说：

"在职场中，需要理性的竞争，但我并不欣赏职场中勾心斗角的存在，因为人毕竟是感情动物。**懂得珍惜职场中人与人之间的真情，**

是值得鼓励的。"

不可否认，即便你为人善良，也难免会遇到在背后捅刀子的人，但同窗间互相捅刀的例子，就没有么？

如今我已离职 3 年多，还经常与前同事聚会，彼此像兄弟，与当初一起工作时无区别。

我想，这或许是"关注点"决定的。

当你把关注点更多地放在做事上，一心只想着如何达到工作目标，**那些和你共事过的同事，就是并肩作战的战友。**

一起加班，一起扛事，喝多了互送回家，就像华为那句让我一直铭心的话——**"胜则举杯相庆，败则拼死相救。"**

有过这种经历的人，怎会不是真朋友？

成长本身就是价值

《欢乐颂》里说：职场如同江湖，江湖有江湖的规矩，职场有职场的原则，如果不懂规矩，只会被淘汰。

我想说，真正有用的规矩，从不是投机取巧、拉帮站队、勾心斗角、审时度势……

不，远没有那么复杂。

出色完成本职工作，力所能及地保持清醒；与人为善，避免平庸，持续学习；守住自己，不吝付出。这就是最好的规矩。

哪有什么必获价值的成长，成长本身就是价值。

持续成长的你，一定不会被时代淘汰，不会变成自己讨厌的模样。这样的你，无论走到哪里，都只是为自己打工。

何时该跳槽？从这 4 个维度入手，你会做出明智判断

"上司很不好说话，我应该留下还是跳槽？"

"是继续工作还是去读个硕士？"

"进入倦怠期，是否要重新开始职业规划，尝试完全不同的轨道？"

"想换岗，但刚被拒绝，现在应该怎么办？是走还是留？"

多年职场生涯，见过众多跳槽计划者，我把他们的情况归结为 3 类：

跳 or 不跳的反复纠结；跳了之后懊悔武断与短视；最终还是没有勇气，一边倦怠一边抱怨。

跳槽不仅意味着变动和转换，还是影响今后发展的一项选择，所以很多人即使工作得一点也不快乐，多次想过要跳，最后都没有跳的勇气。原因大致有两个：

担心跳槽后的职场发展比跳槽前的更糟（辛辛苦苦忙一场，结果还不如前一家，会让人很无奈）。

担心跳槽后的那家，与现在的这家差不多，"才出狼窝又入虎穴"（如果是一坑跳至另一坑，在哪都一样，又何必折腾呢）。

跳槽是一个技术活。它绝不只是张口这一刻说出的两个字，也不是冲动之下的简单转身。

跳槽之前与之后，联系起来，是一个系列化进程。例如对跳槽的计划、预判、自我评估、职位认知，猎头接洽，面试筹备，薪酬谈判，离职程序，职业生涯规划，职业道路成长……

如何判断自己是不是需要跳槽？什么时候是跳槽的好时机？

在此，我想通过职业生涯价值评估的4个维度，来和你谈一谈"理性跳槽"。

运用4维度，判断"我要不要跳槽"

跳槽的理由多种多样，在《完美跳槽》一书中，就归纳出了20多种，包括公司政治斗争、奖金太少、基薪太低、频繁出差、天天加班、为了孩子、老板画饼、公司调岗、企业文化、职业发展……

在《远见》一书中，给出了黄金4问，即职场生涯价值评估的4维度（学习力、影响力、乐趣、奖励），来帮助我们通过对职业价值的自我评分，考量是否需要跳槽。

每个人的情况不同，权衡就不同。4维度评分可根据个人实际，做出评估。

当现有工作的分值远远达不到你的期望值，且通过各种协商，也还存在差距时，你可以考虑跳槽。

我以 A、B、C 三人的《职业价值评估表》来举例，呈现 3 种策略，供你思索。

1. 权重相等

即每个维度都有 25% 的权重，依据自身情况来打分。

目标领域	权重	自评分（满分10分）	职业价值
学习	25%	9	225
影响力	25%	7	175
乐趣	25%	6	150
奖励	25%	6	150
年度职业价值总分		700	

A 的年度职业价值分数是 700 分，是个非常健康的分数；学习方面的 9 分，可以反映出这项工作能带给他光明的前景，他正在为自己的将来培养技能；乐趣、奖励的分值略低，说明工作没能给他带来满足感。

奖励略低，这就要好好梳理：是工作本身薪资就不高还是没有得到应有的奖励，又或者是自己的期望过高？有没有可能通过跟公司谈加薪，来改变这一状况？

2. 权重不等

虽然 B 的自评分与 A 的一模一样，但他给自己 4 维度分配的权重却完全不同。

目标领域	权重	自评分（满分 10 分）	职业价值
学习	60%	9	540
影响力	10%	7	70
乐趣	10%	6	60
奖励	20%	6	120
年度职业价值总分			790

B 的年度职业价值总分比 A 的多了 90 分，主要是他认为自己在学习领域有很好的收获，这是他的职场生涯最有价值的方面。

他不太看重工作是否会带来影响力与乐趣。对于是否跳槽，他的考虑点在于：是否能寻找到能促进其学习曲线上升的新工作和老板。

随着学习力的精进，B 很大可能会调整权重，让分数更加平衡，来保持自己对工作的满意度。

3. 权重比例大

C 在奖励方面的权重高达 70%，他愿意减少学习和乐趣方面的追求，以达到经济上的回报。

目标领域	权重	自评分（满分10分）	职业价值
学习	5%	5	25
影响力	20%	3	60
乐趣	5%	4	20
奖励	70%	9	630
年度职业价值总分			735

只要能切实得到奖励，哪怕牺牲其他因素。这样做，其实无可厚非。只不过，要注意的是：

因为权重过大，期待值会很高，如果一旦金钱没有到位，奖励方面的分数不是现在满意的9分，而是令自己很不爽的5分，那总分就会降到455，这个分值在职业生涯价值中，就显得过低了。

所以，如果要将某一维度的权重比例设置过高，就应当思索清楚以下3点：

1. 对于这个维度，你所在的职业环境是否有健全的机制？

2. 自己对成功的标准是否有清晰地认知，并有信心达成愿望？

3. 一旦最看重的维度没有达到所想，是否能及时调整，还是变成不可调和的矛盾？是否能确保其他维度一直推进，而不是长期停滞不前？

在职业生涯中，我们应当时刻复盘、反思自己的目标，仔细分配权重。

权重的分配，可以且应当每年都有所变化。既不要让学习力由盛而衰，也不要让金钱决定你的职业满足。

始终以乐趣、学习为主，让影响力随着自我成长与精进，逐年递增，财富也稳步提高，才是最健康的职业价值评估。

反之，一旦与健康价值相悖，且你无从调和，那么就是适时考虑跳槽的时候了。

对 4 维度进行理性权衡，有助于明智判断

在实际工作中，如何考虑学习、影响力、乐趣、奖励 4 个维度，能更贴近自己情况，更容易做出判断？我们可以这样来权衡：

1. 乐趣：触达内心的工作成就感

"兴趣是最好的老师。""热爱你的热爱。"……这些话，放到长长的职业生涯中，并不是鸡汤，也不是废话。

社会发展到今天，越发专业与精细化。工作，是我们每个人，实现个人价值感与成就感的一种方式。

如果你的工作，总是让你提不起精神，感觉就是在浪费光阴，毫无满足感与兴奋感，那么，你真的需要考虑是否要坚持。

选择让自己满足与兴奋的工作，会给你带来更大成就感与满足感，这正是你需要慎重考虑的跳槽权衡点。

2. 学习 + 影响力：能"够得着"的职业发展机会

辛苦工作，希望得到的回报不仅仅是心理认同，更重要的是解决吃饭问题。升职加薪是每个人正常的职场追求。然而，迟迟看不到升职机会，就意味着在死工资上年复一年，这真的很让人郁闷。

这时候，你真的就需要好好捋一捋自己的职业发展期了。利用好职业发展阶段，认真思考跳槽问题，才能对职场未来做好规划。

职业发展期大致分为两个阶段：

纵轴发展期，重在提升学习力

这指的是初入职场的头几年。这个时候，你要跟自己比，好好提升自我，增加工作能力，努力在行业中冒头。

横轴发展期，重在提升影响力

这个阶段一般是已有 5 年工龄以上的职场人。这时候，你的工作能力已达到一定水平，在行业内也有一定资历，可以开始横向发展，与人比较。

如果你在纵轴发展期，不妨坚持，坚持，再坚持，一切以磨炼自己为主。如果处于横向发展阶段，你的上升通道单一，已触达天花板，晋升艰难，那么可以仔细考虑跳槽问题。

3. 奖励：薪酬之外的职场附加值

职场高附加值主要有几个方面：

具备大视野、大格局的企业文化，能拓展自己的认知边界；跟牛人在一起的工作氛围，有优秀的导师做自己的引路人；优质人脉圈，能大幅度提升自己的格局等等。

职场附加值对职场新人尤为重要。

初入职场，是能力增长的快速期。如果你仅仅只是埋首关注薪酬，忽略附加值，能力没有提升、经验没有积累、人脉没有增加，那么一旦离开平台，你的个人成长就会有所阻滞。

日复一日，你增长的就只是工龄，而不是核心竞争力。

所以，职业生涯价值评估中，奖励维度除了考虑金钱，也要更多地着眼职场附加值。

跳槽，在漫长的职业生涯中是件重要的事，但也没有必要太过忧惧。只要认真梳理，深入理解自己的特质和愿景，调整人生的步伐，就一定能找到真正喜爱并能为之创造价值的工作。

意志力不足？换换思维

没有足够的意志力，往往是缺乏诱因

参加老江婚礼，让我吃了一惊。

他本是个又懒又宅的 240 多斤大胖子。在三四个月前我们一起吃饭时，他还像座肉山。

没想到，婚礼上的他，却轮廓分明，身形匀称，和过去完全判若两人。

老江很得意："我也就减了 60~70 斤吧。"

我问有什么秘诀。老江瞅了瞅身边的老婆，压低声音摇头苦笑：

"我穿 XXXL，她硬给我买 XL，说结婚就穿这个，要不甭结了。我这么懒一个人，能有什么秘诀，咬牙死磕呗！"

我哈哈大笑，原来是老婆放了大招。

月减 20 斤，真不容易。结婚这事，是老江咬牙坚持减肥最大的动力。

职场多年，我带过很多年轻人，发现容易做成事的，都非常擅长为自己找一个必须坚持下去的具体理由。

这种思维模式，跟能力无关。

生活或工作中，三天打鱼两天晒网是常事：

办张健身年卡，估计就去头一两周；

说要好好读一本书，大半个月才翻了 10 页；

打算学一门手艺，3 分钟热度后，物件开始积灰；

……

多数时候，我们将之归咎为"内因"：

能力不行、我就是个意志力不强的人……事实上，这未必是真相。

更多时候，其实是像当初的老江一样，缺乏诱因而已。

心理学上有诱因理论，指的是能够引起有机体定向行为，并能满足某种需要的外部条件。

换句话说，外部因素，很大程度上会影响决策和行为。

某论坛上有句话：意志力是个好东西，人人都有，就看你有没有挖掘出来。

挖掘意志力，靠的便是诱因。

若没有结婚这个诱因，懒散如老江，是绝不可能舍得对自己下狠手的。

找到那个能真正激发你的诱因，才是令你持续产生动力的重大原因。

持续寻找积极诱因，摒弃消极诱因，才能不断进化

电影《复仇者联盟4》里，雷神开场就成功斩杀灭霸，离开团队。

5年后，他被绿巨人找到，已变成一个不修边幅、身形走样、只知整天打游戏的肥宅，令所有人大跌眼镜。

他失去了继续前进的动力：灭霸死后，世界并没有变得更好。

除了消极度日、自我麻痹，似乎也没有什么可做的了。

但是，当他发现自己依然能操控雷神之锤后，他立刻决定改变现状。

"I'm still worthy（我依然配得上它）！"

对雷神来说，缺失方向，是令他颓丧的消极诱因；而重拾荣耀感，是令他再次振作的积极诱因。

马云也是个特别擅长寻找积极诱因的人。

创业初期，资金压力大，他四处找投资人拉赞助，时常被拒。

回到公司，他总是跟创始团队说，今天我又拒绝了30个投资人，看不上他们。

对当时的马云而言，维护团队的信心和战斗力，是重中之重。那些在外承受的压力、挫折，自己消化就好，不足为外人道。

他说，只要团队在，他就有信心把公司经营下去，做强做大。这是他屡屡碰壁也能持续乐观应对的最大诱因。

试想，如果马云一回公司就大倒苦水，说又被 N 个投资人拒绝，公司不知能活到哪天，还会有如今的互联网巨头阿里巴巴么？

持续寻找积极诱因，摒弃消极诱因，才能不断进化，突破自我，甚至对周围的人产生潜移默化的正向影响。

如何主动寻找积极诱因

如何主动寻找积极诱因，改变总是浅尝辄止的局面？我想分享 3 个建议。

1. 拓宽眼界与认知

很多人并非不想找积极诱因，很可能只是压根不知道它在哪里。

前两天，我在网上看到一个提问：

"真的很难理解为什么有的人可以一整年不发朋友圈，也不看别人的朋友圈，到底是怎么做到的？"

很多人在回复中嘲讽道：

"真的很难理解，你竟会问出这样弱智的问题。你喜欢刷朋友圈，别人就一定都喜欢？"

其实，这不就是生活常态么？一边羡慕着别人的八块腹肌，一边吐槽人家寡淡无味的健身餐；一边叫嚷要写作，一边一再耽搁，宁可继续刷剧……

我想，这是眼界和认知的问题。

刷朋友圈这事，可能是好玩的，但这世上一定还有更多、更好玩的事，只是你不知道而已。

健身餐或许是难吃的，但由此拥有一副好身材，换来更广阔的天地，只是你从没体验过而已。

经历越少、视野越窄，越容易陷入偏执，难以看到更美好的事物。

不如心态放开些，悦纳多方视角，拓宽眼界与认知，有助于突破藩篱，变得更好。

2.用最在意的东西倒逼自己

小柳计划写一个长篇故事，一直各种拖拉没动笔。

最后，她一咬牙，给自己定了个目标：两个月内，必须写完至少10万字。

为了做到这一点，她拉了个小群，并放话，日更3000字，当天24点没交货，就发500元红包。

我非常了解小柳，她最大的两个特点是：要脸、抠门儿。所以，当群里其他人巴巴等着抢红包时，我已经知道这事没戏。

果然，她最终顺利完成了目标，一个子儿都没发过。

要脸和怕破财，成了对小柳最为有效的积极诱因。

如果你也有这样一件亟待完成但又一直没做的事，不妨尝试这个方法。

3. 主动给干扰因素设置障碍

我的合伙人水青衣本身是个意志力不强的人，她为了屏蔽干扰、达成目标，通常会主动给自己设置障碍。

比如，工作时，她会关闭微信，刻意把手机放到较远的位置。

除非有电话呼人，否则在工作完成前，一概不碰手机。

为攒钱买车，她把支付宝和微信里的钱都提回银行卡，取消绑定。据不完全统计，在控制住 100 多次网购冲动后，她半年就把车子首付省出来了。

下决心要减肥，她卸载了美团、大众点评等 App，有效遏制了点餐行为，最终卓有成效地完成了既定目标。

成熟的人，擅长用诱因引领进步

改变现状、强迫自己去学一件本来不会的事，本身就是个"反人性"的举动。

一个意志力再强、再能吃苦的人，如果缺乏积极诱因，大概率上很难有继续前进的动力。

正如网上那个知名的段子：数九寒天，到底是什么支撑着你每天按时早起上班？

是意志力？是对公司的信仰？是自我成就？

别扯了，是因为穷！

穷，才是最根本的诱因。

因此，为了将来不再穷，今天就认真工作，这才是你最大的驱动力。

越成熟的人，越擅长找到诱因，以此引领自己不断进步。

你的拖延症，正在毁了你

前段时间跟编辑朋友小菲吃饭，期间她时不时就要刷一下手机，同时不好意思地说："对不起啊，我在催稿。有个作者太不让人省心了，明明给了她充足时间，一直在用各种奇葩理由拖、拖、拖！"

我好奇地问："都用的什么理由啊？"

小菲咂咂嘴，直接把她与那名女作者的聊天递给我看。

原定 7 月 30 日交稿，小菲从 7 月 29 日开始催，对方说："放心，明天肯定按时交！"

到了 7 月 30 日，对方说："抱歉啊，我感冒了在医院打吊瓶。"随文字，还附了一张打着吊针的手部特写。

8 月 1 日："我电脑硬盘坏掉啦，正在电脑城修理，之前的草稿没啦。放心明天一定交！"

8 月 2 日："领导突然让加班做事嘤嘤嘤，太讨厌了，晚上给你呀！"

"每次总是求我延长 deadline，我还能说什么？"

我哈哈大笑，非常理解小菲的无奈。

其实现实生活里，咱们多数人都很容易产生不同程度的拖延倾向，要想真正走出这个怪圈，咱们需要先了解所谓拖延症，究竟是怎么产生的。

拖延症不是病，是本能

首先要强调一点，有拖延症并不羞耻，它并不是一种"病"，而是我们与生俱来的本能之一。

因为它是由大脑生理构造所决定的。

我们的大脑外部有前额皮层，以科学家戴维森为首的研究课题表明，它的各个部分，与我们的情绪息息相关。

简单来说，前额皮层可简单划分为下图的三个部分：

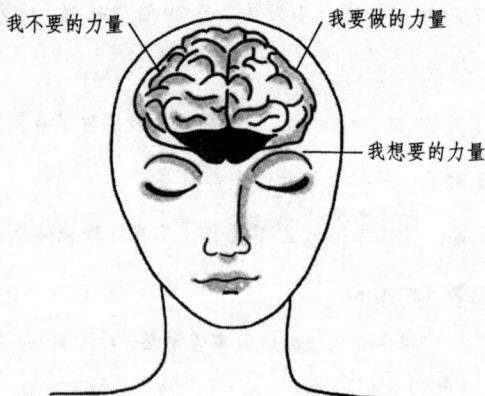

我不要的力量　　　　我要做的力量　　　　我想要的力量

大脑的左侧区域负责的是**"我要做"**的积极情绪，它的主要作用，是让我们在面对枯燥、困难、压力巨大的工作时，不轻易放弃。

大脑的右侧区域负责的则是**"我不要"**的消极情绪，一个新任务摆在面前，这个区域会倾向于首先传递一种声音：别接，怪麻烦的，谁知道有什么坑。

这两个区域就如同两个阵营相反的小人，它们随时天人交战，共同决定前额皮质中间靠下的第三个区域**"我想要"**的部分。

左侧区域越发达的人，做事就越有韧性，也不易受到外部因素的干扰；而相反，右侧区域越发达的人，就越容易浅尝辄止，倾向于选择简单任务，或耽于享乐。

这即是拖延症与生俱来的神经学根因。

但这并不意味着没法改变。早在 20 世纪 40 年代，神经学家唐纳德·赫布就发现了所谓"神经可塑性"，**它指的是我们的大脑结构可以随着生活经验的增加而发生改变。**

你爱刷朋友圈，是因为这件事相比其他事，更轻松、无压力。

因此右侧区域会不断释放信号：我不要做其他更复杂枯燥的事，那些事先往后放放。而左侧区域也会受影响，相应做出配合：我要继续做这件事。

但当你写了篇文章意外获得了读者打赏，前额皮质的判断或许就会立刻不同：

左侧区域会告诉你，这好像是一件"更好玩"的事。

我们是怎么跌进拖延症怪圈的，实际上也可以怎么爬出来，这同样是生理构造决定的。

拖延症产生的 4 种核心归因

日常生活或工作中，我们会因前额皮层右侧战胜左侧而产生拖延症，通常可归为 4 种核心原因。

1. 帕金森定律

《帕金森定律》一书的作者西里尔·诺斯古德·帕金森认为，如果一个人给自己安排了充裕的时间去完成一项工作，他就会放慢节奏，或者增加其他项目，以便用掉所有的时间。

这样一来，他往往就会倾向于在截止日期前，甚至超过截止日期，才匆匆去做早该完成的任务。

像是小菲吐槽的这位女作者，便是其中的典型。

因为工作关系，我认识很多作者，他们也有着类似的情况，且多数还振振有词：没办法啊，没到截止时间，我没有灵感啊！

2. 过于完美主义

从去年开始，我的朋友袁姐一直期望做一场线下演讲，但直到今天，她都没真正去做。

因为她始终有很多担心：

万一我紧张怎么办？

万一没几个人来怎么办？

万一大家听了不感兴趣冷场怎么办？

万一……

无数个万一的背后，是她持续在给自己做一个心理暗示：如果没有百分百把握，如果不够完美，就宁可不要开始。

可这世上，哪来百分百的完美？保持这样的想法，只会有一个结果：你永远不会开始，因为永远都没法真正准备好。

3. 任务难度过高

很多时候我们迟迟不开始，不见得是不想做，而是任务本身难度过大，远超出了我们当前的能力范围，或者需要消耗大量的时间精力成本，最终导致难以入手。

去年我们就曾遇到这样的事。商务谈判阶段，客户一再变更需求，一次比一次复杂，综合考虑人工和预算，我们只能一再往后搁置，最终不了了之。

4. 任务缺乏足够吸引力

说好每天锻炼、读书，但坚持一段时间后就懈怠了。因为似乎不做，短期内也没什么影响。

花时间做某件事，付出与收益貌似不成正比。

总有更有意思的事情，在不断分散我的注意力。

…………

以上表现，皆可归结为任务本身缺乏吸引力。越没吸引力，越会懈怠，也越容易产生拖延。

如何走出拖延症怪圈，3 个办法供你参考

明了了拖延症产生的根因，如何改善？我想提供 3 个办法送你参考。

1. 即刻开始

管理学家彼得·德鲁克曾提出"OEC 管理法"，即英文"Over-all Every Control and Clear"的缩写，最接地气的翻译是：今日事，今日毕。

我们要充分明白的是，**一件事完全没有开始，和开始了没做完或者没做好相比，心理上是完全不同的。**

前者，会让我们心安理得的不断谋划、权衡、做准备，而后者会迫使我们尽可能想办法，去解决这种悬而未决的状态。

因为既然已经付出，心理上就会产生"沉没成本"，不往下做，仿佛就亏了。

所以，别想那么多，即刻开始，先去做，再去琢磨如何完美。

2. 合理拆解目标

"我要练出八块腹肌！"

对一个胖子来说，这个目标听起来实在太不靠谱了。练两天没效果，你理所当然会选择放弃。

但练出腹肌这个宏伟目标，如果拆解成以下一系列小目标，似乎看起来就不那么难：

第一周：锻炼3次，每次完成1公里跑＋单次俯卧撑10个×3组；

第二周：锻炼4次，每次完成2公里跑＋单次深蹲20个×4组；

第三周：锻炼5次，每次完成3公里跑＋器械训练20分钟；

……

每一个大目标，一定都可以细化拆解成无数个可量化的小目标，而每当顺利达成一个小目标，一定会让你的动力显著提升，迫不及待去挑战下一个大一点的目标。

3. 建立预期反馈

很多时候，我们如果能给自己建立一个"预期反馈"机制，或许会更有利于向前迈进。

比如，你就是不想干活，但非常喜欢某个地方，特别想去那里旅游。或许可以找出那个地方的美图做成手机屏保或电脑桌面，没事就看两眼，然后给自己一个心理预期：好好赚钱，今年就去。

以此为目标，你再督促自己去干活、学习时，或许就不会那么拖延和痛苦。

正因生活不易，我们才要学会时不时给自己一点"甜头"，这样才会持续有盼头。

摆脱拖延症，你我都可以做到

知乎上曾有一个热门问题：你听过最心酸的一句话是什么？

点赞最多的一条答案只有4个字：**我本可以。**

我本可以，为什么没能可以？

《西游记》里，每次妖怪们抓到唐僧，最终都得而复失。

因为这些无脑妖怪们，次次都是这种话：把这大胖和尚先绑好，待明日拿他下酒！

待什么明日？拖延什么？不知道夜长梦多么？

记好了，想吃唐僧肉，请立刻开始。

摆脱拖延症，你一定可以做到。

每晚 11 点前睡，是我做过的最自律的事

前几个月网上有过一个热议话题：说完晚安你睡了吗？

朋友小秋苦笑着说："一讲到自律，就是什么坚持健身，每天要读多少页书之类。但在我眼里，最自律的事明明只有一件：每晚 11 点前，按时睡觉。

"可惜，我就是做不到。"

《2019 国民健康洞察报告》指出，75% 的 90 后晚上 11 点后才入睡。

中国睡眠研究会在 2017 年发布《2017 中国青年睡眠现状报告》，六成以上的受访者无法规律作息，而是东翻西看，拖延入睡的时间，迟迟不肯送走这一天。

年轻人并非不懂得熬夜的危害，但他们宁可奉行"贴最贵的面膜，熬最久的夜"式的朋克养生，也不愿轻易听从自然规律的召唤。

正如一名网友所说："**晚安的意思，就是'我今天打烊了'，只是不对外营业而已，跟睡不睡没关系。**"

看起来很简单的一件事，为什么就是做不到？

4 大扎心原因，让我们坚持熬夜

1. 不得不

当年我在华为工作时，每天 19 点，通常都会被要求开例会。

短则两三个小时，22 点前结束，长则直接到凌晨。而且在会上落实的 AP（行动要点），一般要求在次日上午前就要反馈结果。

这就意味着，你回到家后，还得再工作一段时间，才能确保完成任务。

华为并非特例，IT 互联网圈里，这样的公司比比皆是。

这也是前阵子"996"刷屏，让人大呼扎心的原因。

不是我们不想睡，是工作和苛刻的大环境，让熬夜，成了不得不为的常态。

2. 舍不得

弗洛伊德曾说："我们本不愿入世，因而和人世的关系，只好有时隔断才可忍受。"

这句百年以前的名言，如今成了我们拒绝入睡的生动写照：

白天的日常生活太过纷扰，单位领导的夺命连环 call，与同事、客户的职业化社交，家庭的各种羁绊……

哪怕偶尔独处，手机的不时响动也在不断提醒你：**你始终处在**

"被需要"之中，负担着某种不可推卸的责任。

唯有夜深人静，才是真正专属自己的时间。

这时候，你让我怎么舍得就此睡去？

作者罗广彦在文章《晚安之后，年轻人为什么不愿睡觉》中写道：

道完"晚安"之后的独处，并非对身体毫无意义的自戕，而是对忙碌生活节奏最温柔的抵抗。

根源上，这是对白天"被夺走"时间的报复式索取。

3. 迷茫

知乎上曾有一个提问：为什么喜欢熬夜？

其中一条高赞回答是：**没有勇气结束今天，同样，没有勇气开始明天。**

扎心言论的背后，是满满的对当下及未来的迷茫。

现实生活中，我也经常看到诸如此类的问题：

月薪 5000 元，朝九晚五，这样的生活到底有什么意义？

对身陷这种处境的人来说，今天和明天没有区别，过一天和过一年，也没有区别。

所以，刷剧、刷抖音、刷朋友圈，想方设法延后入睡，本质上，是因为迷茫而不自觉转移焦虑的行为。

4.忏悔

很多文字工作者习惯夜晚写作，他们的逻辑是，晚上更有灵感，效率更高。

但事实很有可能是，白天你不够专注，浪费了太多时间做无意义的事情。

助理小柳说，她就曾因为和读者在评论区版聊、在社群里灌水、一整天东逛西逛网页，而导致白天效率奇低，最终，只得靠熬夜突袭来弥补过失，表达忏悔。

你熬的不是夜，是命

前段时间，"退役熬夜员"一词突然蹿红网络。

顾名思义，是指那些因身体或心态原因，退出熬夜项目的昔日选手们。

"到点就困，想熬但身体不允许，猝死感越来越明显。第二天的乏累让你明白，早睡才是你的归宿，也是你今后唯一的选择。"

朋友老易是一家创业公司老板，典型的工作狂，他经常挂在嘴边的话是："本来起步就晚，还好意思睡觉？那还创个什么业？直接关门大吉得了！"

最初，他对员工奉行严格的"996"制度，即便辞职率居高不下，也一力坚持；而对他自己及两个联合创始人，则几乎是"007"（0点对 0 点，全周无休，随时在岗）。

这种铁血政策，的确令他的公司两年内利润就翻了 5 倍，但 3 个月前，一场毫无征兆的突发性心梗，几乎要了他的命。

老易说，在鬼门关游走了一圈后，算是真正想明白了，为什么员工们这么反感"996"。

"健康是基石。没有什么工作，值得熬夜拿命去换的。我不值得，员工更不值得。"

之后，他开始着手进行制度改革，不再强制要求"996"，而是效仿英特尔，代之以 OKR（目标与关键成果管理法）。

一段时间后，老易公司的整体效率较之前有了提升，辞职率也比先前低了很多。

无论是为工作、为娱乐，或是填补空虚，熬夜这件事，都得不偿失。

任何事情，都早已在暗中标好价码，你今天的透支，明天一定会加倍奉还。

要记住：**你熬的不是夜，是你的命！**

越自律的人，越懂得善待自己

斯坦福大学教授麦格尼格尔在其书《自控力》中揭示了一个科学研究成果：

如果一个人睡眠充足，会让大脑的前额皮质补充到足够多的能量。

而前额皮质最大的作用，是意志力的管理。这个区域能量越充足，就越能帮助你更好的自律。

这就构成了一个相辅相成的正向循环：

我们努力约束自己不熬夜；不熬夜这件事，又反过来影响前额皮质，让我们进一步提升自律性。

这个理论，我在自己身上得到了验证：

自从严格规定自己每晚必须 12 点前入睡以来，我开始更进一步严格执行白天的作息。

每天读书 1 小时，锻炼 1 小时，写文 3000 字，这些事完成后，我发现空出的时间甚至比先前还要多，因而完全心有余力，有时间去做更多的事情，意外解锁了不少技能。

按时睡觉促进自律，自律又能带来更为积极的心态。它令我们精力充沛，高效工作，每天都在迎接更好的自己。

万通董事长冯仑曾说："**伟大不是管理别人，而是管理自己。**"

再玩命，身体也是本钱，自律这事的终极意义，是保持健康，善待自己。

所以，道过晚安后，要守点信用，该睡就睡。

按时入眠，是一件最自律又无比美好的事情，试试吧。

Part 4

认知迭代

幸运的反面并非厄运，我们大多数人都处在幸与不幸中间，生活平淡。

靠彩票一夜暴富的人之所以成为大新闻，就是因为暴富只是小概率事件。更多的人生高光，只有靠亲力亲为、实实在在的行动，以及持续的付出与学习的心态。

辛勤工作7年，辞职时老板头都不抬：职场公平，是只对自己人好

　　我的朋友老余最近刚从原公司辞职，他向我吐槽前老板没有人情味。

　　"好歹我在公司也干了7年，踏踏实实的，也做过不少贡献。没想到辞职走人时，老板都不挽留一下，甚至，连头都没抬过！哪怕你装装样子呢！

　　"你说，这样的老板是不是太没人情味，根本不值得跟？幸亏哥明智，一早决定不跟他玩了。"

　　这话听得我有些别扭。我问："老余，你踏实工作7年，每月有没有被克扣薪资待遇？"

　　"这倒没有。"

　　"如果老板确实开口留你，甚至许诺涨工资，你留不留？"

　　"肯定不留啊。辞职是一早就想好的，我就想换个环境，加工资也不留！"

我摊摊手："那你究竟在不爽什么？"

老余想了想，也笑了："也是。我情感上觉得有些不好接受，但仔细想想，老板似乎也没什么错。"

创业以来，我也陆续经历过十几个员工的辞职。一开始，我总还是象征性地做些挽留，但我逐渐发现，这确实不过只是一句客套话而已。

铁了心离职的员工根本不在意，而作为老板，你或许也并不真正想留他们。既然如此，说出口的意义又何在？

更重要的是，**无论作为老板还是离职员工，若过于在意这一细节，反倒是不职业的体现。**

侧重感情而忽略契约，是不职业的体现

咱们先来捋一下，员工和老板之间，到底是个什么关系。

要说清楚这个关系，首先要知道公司是个什么样的存在。

基于百度百科定义，公司是以盈利为目的的企业法人，它是适应市场经济社会化大生产的需要而形成的一种企业组织形式。

定义非常清楚，公司是以盈利为目的而设立的机构。

员工和公司，以利益为连接点。前者付出劳动，后者购买劳动，双方因此形成价值交换。

这叫作契约。

若双方都觉得值，这层关系自然能延续，但凡有一方觉得不值，自然宣告终止。

老余在前公司工作 7 年，踏踏实实、爱岗敬业，公司按月支付薪酬作为回报。双方都非常好地恪守了契约精神，二者互不相欠，非常公平。

相反，如果老余找到更好的去处提出要走，老板却以公司培养你多年来裹挟，甚至横加阻拦，这叫道德绑架。

又或者如开篇老余所说，非要老板表达一下挽留之情，哪怕是装装样子才能获得心理平衡，这叫不知所谓。

仔细想想咱们就能明白一个道理：**职场中，越侧重谈感情，越不职业。**

如果一个老板只会天天给你画饼许诺，拍着你肩膀说一定要相信他，尽管现在困难点，将来飞黄腾达了，保你吃香又喝辣。

背后潜台词是什么？

咱们关系这么好，请你暂时忍受现在的低薪，继续为公司无私奉献吧。你会做何感想？

如果一个任务安排下来，员工总是打感情牌，依仗自己跟上级更为亲近的关系拈轻怕重，作为管理者又会作何感想？工作又该如何有序推进？

重感情、人性化管理不是坏事，但人情社会下，能严格履行契约精神的员工和企业，才更显得难能可贵。

越成熟的管理者，越只会对属下好

电影《投名状》里有个情节，经过数天艰苦作战，主角方的军队包围了敌军。

刘德华扮演的二哥承诺敌军：只要缴械投降，便留你们活口。

对方投降后，李连杰扮演的大哥却立刻下令，射杀所有敌军，一个不留。

面对刘德华的愤怒质疑，李连杰说，粮食只够我们自己人吃3天，凭什么要分给敌人？他们叛变怎么办？我不可能冒这种风险。

当年初看这部电影时，我还是个新员工，觉得李连杰实在冷血又不近人情；但现在站在管理者角度，我认为他的做法无可厚非。

对外人宽宏大量不是仁慈，这会令属下寒心。

4年前的现在，我还在华为上班，第一次提出离职。我当时的领导找我私聊，希望我能多待几个月，9月以后再走。

这份"挽留"的背后，与感情和认可无关，实则是两个利益考虑：

第一，目前暂无合适接替人选，为了项目稳定和客户满意度，希望我能再支撑一段时间。

第二，下半年才会启动全年绩效考核，领导希望我能为部门背一个打C的指标。

华为绩效考核分为 A、B+、B、C 四档，C 是最差。若连续两年被打 C，会被直接清退，按照末位淘汰机制，大部分部门每年都会被硬性摊派打 C 的指标。

对管理者而言，C 究竟打到谁头上，始终是一件极度纠结的事情。

我当时是裸辞，时间上并不着急，也没想过要再回来。权衡之下，我答应了领导的要求，确实撑到当年 9 月，最后带着一个 C 离开了公司。

我没有不平衡，也不怨我的领导。事实上，如果我是他，也一定会这样做。

一个成熟的管理者，目光一定始终聚焦自己人。

只对自己人好，才能保持凝聚力和战斗力，确保无论谁走了，公司仍能继续高效、平稳运行。

聪明的职场人，离职时一定不做"单次博弈"

尽管离职时并不需要介意老板是否愿意挽留，这并不意味着，我们就可以肆无忌惮，不管不顾。

工作不是一锤子买卖，站在自我发展的角度，我提倡在我们离职时，一定要有**"多次博弈"**的意识。这不为公司，不为老板，纯粹是为了你自己。

如何做到？我分享 3 点建议。

1. 妥善交接

决定离职后，按照公司规章提前告知，妥善与继任者完成工作交接，这是最基本的契约精神和职业道德。

我曾见过很多人对此嗤之以鼻：你说得轻巧，老板连工资都不发，妥善交接个鬼，哥当然拍屁股就走！

网上也曾有不少类似案例：IT 公司里，老板辱骂程序员下属，后者一气之下删了公司数据库，直接造成了数百万损失。

这些人抱持的态度，简言之叫作：你不仁、我不义。

类似这样的观点，就是纯粹的"单次博弈"，过于短视和意气用事了。

且不说因此可能承担的法律责任，一旦在业内传开，哪家公司敢要这样的人？这是不是在自断后路？

足够聪明的职场人都懂得，妥善交接，不过是为了维护自己的口碑而已。

2. 走心道别

离职时老板不搭理你，你也就悄无声息走人？

并非不可以，但这样不大方，不聪明，也不走心。

我在前公司时，几乎每一个员工离开，都会主动发一封题为"My last day"（我的最后一天）的邮件。

邮件通常发给公司全部相熟同事，抄送给所有管理层，内容多半是自己在公司曾经做过的项目、最亮眼的时刻，及特别感谢的人等。

在我看来，这不是形式主义，是最后一波"圈粉"和立人设的机会。

想想看，当你的前老板收到这样一封邮件，你的新公司若打电话来问询你的基本情况，他对你的溢美之词会不会再多一些?

3. 不出恶声

诚然，很多时候我们不够走运，确实碰到了特别渣的公司和老板。

不幸遇上，尽快离开是正途，实在充满正义感，你也可以在网上曝光它，避免更多人入坑。

但当场撕逼、逢人便说，只是情商低的体现。

尤其在新单位面试时，当对方问及为何离开原公司，如果你只是不断吐槽前老板、同事和恶劣的工作环境，相信我，没有人会要你。

即便你说的都是事实，从面试官的角度看，只会觉得你过于情绪化、只会找外因、从不知反省自己，而这样的人，不会是面试官的理想人选。

具备品牌意识，到了哪里都能转

经常听到一句话，一家公司成熟的标志，是任何人走了，都照样能转。

事实上，放到个体身上，也是同理。

一个成熟的职场人，一定懂得爱惜羽毛，不受情绪左右，时时刻刻把自己当作一个品牌去打造。

摆脱打工者思维，具备品牌意识，这样的人，才会无论到了哪里，都一样能转。

你想要的自由，是一件门槛很高的事

昨晚家庭聚会，听到小姨和小表弟的对话：

"人家 16 岁就大学毕业了，你快 18 岁了，马上就要高考，还天天只知道玩游戏。"

"人家很幸运，一出生就是天才，你能不能不要总拿神童的标准来要求我？"

青春叛逆期的小伙子跟更年期的小姨，一言不合就撞起了火花。我跟家人拉开他俩，认真想了想表弟的话，觉得有必要跟小伙子聊聊天。

小姨跟表弟说的 16 岁毕业生，是最近爆火的美国堪萨斯州少年莫拉尔。

16 岁在国内也就是初中毕业的年纪，这位天才少年却实现高中、哈佛大学同时毕业的人生巅峰。

因拥有超高智商，专家建议莫拉尔早点学习。于是他听取了这个建议，11 岁主动参加了哈佛线上课程学习。

但是，高智商学习真这么省事么？

高中与大学同修，除了仰仗天生好用的脑子，难道不需要自律加持、时间管理等操作层面的助攻？

莫拉尔说，超强大脑的他原本可以跳级，但硬是选择了一边上高中，一边每天抽出 3 个小时学习哈佛课程。

那些看起来轻而易举的成就，背后其实藏着内发的改变动力。

智力超群是天生的禀赋，但想要发挥这种优势，必须主动汲取知识。

说白了，就算给一副好脑子，也拯救不了迈不开步子的懒癌患者。

中国也有一个幸运的天才，叫方仲永，不曾识字时，5 岁就能写诗，惊呆了的老爸从此拉着神童炫技挣钱。

但好景不长，仲永的诗才到十二三岁就用光了。

坐等人生巅峰，毫无作为，神童也会才思枯竭，泯然众人。

日本著名的实业家稻盛和夫说，**做人要努力。**但能真正明白努力深层涵义的人却不多。

"人的价值取决于每个人的认真程度。"**你想要的自由，是一件门槛很高的事。**

有一种努力叫靠自己

比起逃离体制内的热度，体制内从未停过的逃离冲动与抱怨更是常见。

朋友大陈毕业后便在三四线城市的一家国企工作，3 年后深感未来看不到希望，大陈毅然辞职，去了民航。

在航空公司期间，大陈完成了婚姻大事，过上了搭航班出省过周末的开挂人生。

不久前，听她说通过了某高中信息技术老师招聘考试，打算辞去民航工作，选择离家近的学校执教，方便照顾家人孩子。

大陈的小半生令她之前就职的国企同事羡慕不已，同事越发频繁地抱怨公司，消极对待工作，吐槽公司成了每天茶余饭后的谈资。

但，几年来抱怨的人群中，没有一个离职。

大陈一次次如愿以偿并非幸运，而是她私下为每一次改变都做足准备。

第一次跳槽，有了原公司 3 年磨砺，专业能力与刚入职时相比又是另一个层次；第二次跳槽，她的理论知识早在几年的工作中巩固加深，并利用碎片时间复习，考试一举通关。

极度认真的人，才有选择的自由，求仁得仁。

就像电影《荒野生存》中说的那样："有些人会问，为什么现在行动？为什么不等等呢？答案很简单，这个世界不会等你。"

好运气只有自己去争取和创造，等不来求不来。比起抱怨和不满，行动力才是与目标关系最亲近的队友。

这个世界，有一种努力叫靠自己，而不是靠幸运。

第一步靠走，剩下的就是继续走

一场 T 台走秀，使最帅大爷王德顺成了最火励志君。

24 岁演话剧，44 岁开始学英语，49 岁创造了造型哑剧，没有积蓄的他，从零开始了老年北漂生活。

50 岁开始健身，57 岁以自创的活雕塑艺术形式走上舞台，70 岁练出腹肌，79 岁走上 T 台。

对于这些闪烁着光芒的人生经历，王德顺坦言自己足足准备了 60 年。82 岁的他，还在不断刷新一个个人生的吉尼斯纪录。

按国家统计局的数据，中国人平均寿命为 76 岁，60 年是许多人的一生。

哪有什么世界大咖，不过是有着跑马拉松一样的忍耐和坚持。王德顺的 60 年，写满的都是从不放弃的坚韧。

就拿健身来说，年轻人想要练出健美身型就已经不容易。

知乎上网友提问："如何系统地练出腹肌，要多长时间？怎么练？"

一个专业健身机构的号写了 2000 多字的回答，总结了一下，大概就是每天膳食搭配、有氧运动若干组、无氧运动若干组等等，付出足够的坚持、时间和耐心。

朋友圈健身达人不少，坚持到最后的却不多，刚开始还跑步打卡，到后来默默匿了。

身边有个同事是马拉松狂人，无论名次如何，每场能去的马拉松比赛，他从未缺席。因为马拉松，负责公司综合内勤的他被大家熟知，阳光与坚持赢来了更广阔的职场空间。

3 分钟热度简单，但能不能坚持就难说。

嘴里喊着减肥，脑子里早备好了吃饱了再减的借口。

多数人的大学图书馆自习是这样的，打开书，然后就是玩手机、刷微博、看直播。

说好的早睡早起，每晚还是熬到凌晨两三点。

想要生活有那么点不一样，想要拥抱自由，光想是想不来的。

打鸡血有时候只是间歇性的自我感动，3 分钟热度一过，继续回到昏昏然的原形。

那些闪光的生命旅程，第一步靠走，剩下的就是继续走，不停歇。

人生高光，唯有靠亲力亲为

宫崎骏的成长电影《千与千寻》中，片头跟随爸妈搬到乡下的千寻还只是个孩子气的小学生。随着爸妈涉险，好友被困，千寻开始从学生切换到汤婆婆的佣工。毕竟生存下去才有救回爸妈的希望。

最后的她远渡重洋找回了被困的小白龙，破了汤婆婆的法术救回爸妈。

千寻经历这番奇遇，已然不再是撒气娇惯的小孩。影片以此传达了被生活困境推着向前的成长，在所有的成长历程中，除了一往无前，也需要自我的不断刷新。

刷新自我，需要学习力。就像游戏里的人物，技能装备都齐全才能升级打怪。

我认识的一个作者，刚开始只见她在创作平台定期更新文章，偶尔有上千的点击量。

最近在一次线下活动中，我看到她的演讲，才知道姑娘已经开了自己的读书群，聚集了大波粉丝，签约出版社，仿佛人生开挂。

后来在她的分享中才得知，所有的高光时刻背后都是持续的技能刷新赢来的，她花了一年时间去旅行，坚持写作，热心公益。

哪有什么锦鲤护佑，不过是敢于开始，恒于坚持，强于学习更新。

幸运的反面并非厄运，我们大多数人都处在幸与不幸中间，生活平淡。

靠彩票一夜暴富的人之所以成为大新闻，就是因为暴富只是小概率事件。更多的人生高光，只有靠亲力亲为、实实在在的行动，以及持续的付出与学习的心态。

每一条人生路都不易走，社会竞争日益激烈，唯有极度认真，才能找到立足之处。也唯有一直努力，你想要的自由，才能轻松得到。

为什么"不务正业"的人，正在备受青睐

前段时间，雷军回应输了 10 亿赌约，并上了热搜。

雷军与董明珠在 2013 年约下对赌，5 年来双方多次隔空放话。2018 年小米业绩发布，或将以 200 多亿的差距，输掉赌约。

雷军笑称，自己还未正式收到格力的财务报告，但董明珠已找他了。

话语风轻云淡，正如网友在评论中所言：其实，这两家优秀的国产企业，都没有输。

纵观小米的发展历程，我们能看到这家商界新秀的巨大潜力。

除了最开始的小众"发烧"手机，小米源源不断发布了众多让人眼前一亮的黑科技：小米互联网音箱、智能互联网洗衣机、B1 防蓝光护目眼镜，甚至还搞起了人脸识别技术……

不断地创新和涉猎其他行业，雷军领导下的公司看上去太不务正业了！

可这也正是这家科技公司格局广阔的体现：聚焦在自己能做到、感兴趣的事上。

就像余秋雨在《文化苦旅》中所说：

一生都在忙碌的所谓公务和事业，很可能不是你对这个世界最主要的贡献；请密切留意你自己觉得是不务正业，却又很感兴趣的那些小事。

社会发展越来越快，单一体系正在被重新构筑，高效复利的跨界时代已来临。雷军事件告诉了我们一个背后真相：

世界正越来越青睐"不务正业"。

不务正业是另一种极致的专业

曾经提到不务正业，我们脑中浮现的可能是不敬业、不专业、不踏实。

但全球最不务正业的公司雅马哈，可能会让你改变想法。

雅马哈的业务广泛到让人眼花缭乱。一开始主营的是钢琴修理，慢慢尝试做乐器、家具、路由器，后来做起了引擎、游泳池……最后竟搞起了生化研究？！

这么不务正业的公司居然没倒闭？

是的。不仅没倒，雅马哈旗下的摩托车更是闻名全球，还研发出了《头文字 D》中提到的著名的 AE86 发动机。

吉普有一个广告中说：

"有人说我不务正业。在我眼里，人生的'正业'并不只有一个！

"只要是你渴望的，都值得你全力以赴、去做到最好。即使玩，也要玩得专业。

"你会从一个玩家变成赢家，用实力让情怀落地！"

雅马哈正是如此。它家每一项业务，都力求**"做到最好、玩得专业"**。

每当实现一个阶段性突破，员工总会自发询问："如果做了 A，B 可不可以也做了呢？"

然后不仅仅是 B，他们还做了 C、D、E……

庞大的业务体系下，雅马哈人切实地将每一项都做到了极致。

他们的"不务正业"，实则是另一种极致的专业。

世界上"不务正业"的公司远不止这一家。

米其林餐厅享誉全球，但它却是做轮胎起家的。

"要想轮胎卖得好，就得让大家接受汽车出行的方式。"

米其林老板先从"汽车旅行"概念入手，收集各种吃、住、玩信息，出版了大受欢迎的《米其林指南》。

之后，变免费为收费，逐渐商业化。他以美食为主，推出米其林餐厅三星评级系统。

不曾想，这个由"轮胎公司"建立起来的美食评判标准，竟成了美食界的行业准则！

所谓不务正业，就是在自己全心聚焦的每一块领域里，如稻盛和夫所说的那样，**"愚直地、认真地、专业地、诚实地"投身进去。**

不务正业才能快人一步

对于社会或是一个组织而言，不断探索、不断创新才是可持续发展的关键。

最成功的社交产品 Facebook 也开始学习微信，从坚持了 15 年的广泛大众社交转向私域社交。

在瞬息万变的互联网时代，停滞不前最为致命。跨界，有时候就意味着不断创新。

日本著名商业顾问细谷功在其书《高维度思考法》中告诉我们：解决既有问题已不再是人类该努力的课题。

在讯息爆炸的时代，我们应该让思维升级，**从善于解决问题的"蚂蚁"，进化到擅长发现问题的"蝈蝈"。**

蚂蚁思维，是指两点一线搬粮，在一条走得无比熟悉的道路上，储蓄了大量经验，若遇困境，可随时调取经验，快速解决问题。

蝈蝈思维却正好相反，知识对它们而言，是拥有即用、用完即弃，弃也不可惜，因为很快就能投入新知。

在现代社会，如果你是蚂蚁，只会认真踏实干搬粮的活儿，最后的结果，很有可能是一直在其他公司后面苦苦追赶，无法创造出前所未有的、革新性的商品或服务。

换句话说，如果你跟不上时代潮流，不懂得拥抱变化、不断创新，就会被加速淘汰。

我之前公司的主管，就是个不务正业的"蝈蝈"。

当时他只是小组长，常规工作是带领项目组。每次和其他部门沟通，我们往往只确认双方需达成的目标，就到此为止。

可他不。他常常会和对方沟通很久。对方的需求、工作的细节，事无巨细问清楚。

久而久之，很多跨部门的问题，他都能快速告诉我们答案。同事们戏称他是"全才"。

之后，我们整个部门被派去接触新业务。

最"不务正业"的他，因早已"自学"掌握，于是能迅速适应新环境，高效对接新同事，得到了各方夸赞，很快被提拔为主管。

"不务正业"者往往重视横向发展，让领悟力变得更强。

他们不断思考、学习、实践，拓宽自己的边界，多维度对待工作，在职业道路上快人一步。

不务正业的人生不设限

世界理财大师博多·舍费尔曾写道：人应该有 A、B、Z 三个计划。

A 计划用于常规生活；B 计划用于自我发展，即那些你有兴趣和爱好去发展的事情；Z 计划用于不时之需。

年轻的生命，不应每天就一件事，不停地重复、重复、再重复。

多解锁新技能，多尝试可发展方向，请相信，人生绝不止一种可能。

科幻作家刘慈欣，20 年前只是娘子关电厂的工程师，写作是业余爱好，但他持之以恒，在今天被誉为中国最伟大的科幻作家；

明明可以靠写书吃饭却非要折腾拍电影的韩寒；

唱歌红极一时，却在赛车界获得了 17 座冠军奖杯的林志颖；

唱跳俱佳的蔡依林，做出的翻糖蛋糕收获大奖；

喜爱文艺的老徐写得一手好字，拍戏间隙，创出"徐静蕾体"；

……

即使人生已经红红火火，也绝不止步于此。

而普通人里，靠第二计划、第三计划开启人生新篇章的，比比皆是。

他们通过各种渠道让才华被全世界看到，不管是写作、拍视频、做公益、教课……

你为生活多浇灌一分，生活也会多给你一点甜头。

"不务正业"的最大力量，就是能让你随心所欲地去追求心中所想。

只要不给自己的人生设限，你会看到更广阔的天地，更明媚的春光。

为什么越成熟的管理者，越注重过程管理

我的学员小宋工作刚满 1 年，最近嚷嚷着想换工作。

我问他为什么，他很不爽地说：

"我们领导最近抽风，经常要求汇报工作。

"一边说着只看结果，一边却又要搞这些形式主义，这不自己打脸么？

"时间精力都花在准备汇报上了，还让不让人干活了？我不想伺候了！"

显然，这是一种误读。

从工作分工看，管理者对结果负责，员工对具体工作负责。因此，好的管理者，肯定是结果导向的，这没问题，但不代表他完全不看重过程。

而且，没有良好的过程管理，又哪来好的结果？

其实，简单分析一下，我们就能明白为什么成熟的管理者，必然注重过程管理。

越成熟的管理者，越注重过程管理

职场多年，我发现那些越成熟的管理者，越注重过程管理，核心原因有三。

1. 掌控欲

举个例子，现在有甲、乙两名员工，他们工作能力相当，都能给出符合要求的结果。只是在工作过程中，一个经常汇报进度，一个不问就不说。

这两种情况下，如果你是管理者，更喜欢甲还是乙？

毫无疑问，一定是甲。

因为，他在工作过程中不断主动汇报，让你对他所做的事始终有种掌控感，也能够及时发现问题和可能的风险，进行提前规避。

这种心理体验，我们用两个字概括，叫踏实。

甩手掌柜式的管理者当然也有，但这一定有前提。

要么，你已经多次证明过自己的能力，并有突出的业绩背书，领导对你 100 个放心，因此乐得省心；

要么，这个管理者本就是个混日子的"老油条"，奉行"当一天和尚撞一天钟"，多一事不如少一事。

如果是后者，说实在话，下级也难得有出头之日，不如早做打算。

而真正成熟的管理者，一定不会忽略过程管理，他们往往更为务实，也笃信可控、可量化、可监控的过程，才可能带来可预期的结果。

2. 安全感

影视剧中，我们或许经常看到某老板咬牙切齿对下属说："我不管你用什么方法，3 天内，必须给我搞定某人或某事！"

说真的，真实职场环境中，这样讲多半要坏事。

比如，为了拿单，老板如果鼓励手下的销售可以不择手段，有些心思不正的，就很容易突破底线走邪路。

工作有流程，做人有底线，若只片面强调结果，而根本不顾过程中员工具体用的什么方法，难免不小心就触了红线，彻底砸了自己和公司的口碑。

越注重过程管理，才会越安全，职场之路也才能走得更平顺长远。

3. 有据可循

有的人没完成工作，或者完成得不尽如人意，总习惯用一句"我尽力了"来替自己开脱。

可所谓"尽力"，不是一句"没有功劳也有苦劳"，也不是天天加班累死累活，而是你得有相对客观的衡量标准。

比如你是个新媒体小编，上级让你负责一个新公众号，要求一个月内，阅读量达到 1000，但最终你只达到 300。

如果一个管理者从未介入过程，可能也无话可说，因为当他试图挑战你，你可能很快回应他："您让每周发 5 篇文章，我也按照规定更文了，但就是没人看，我也没办法，我尽力了啊。"

但如果这个管理者并非只是浮在表面，而是在一开始就懂得从素材、选题、数据分析等多个维度建立起一整套体系，并定期进行监控，就一定很容易发现小编说的话是否有水分。

注重过程的管理者，才会有据可循，能迅速判断出他的下属是否在忽悠，是否真的"尽力了"。

随时"可控可达"的员工，会更有前途

哲学家贝克莱说过一句著名的话：To be is to be perceived（存在，即被感知）。

放到客体心理学里，这句指的是：社交网络中，他人对我们行为的回应，才证明了我们所发出的"信号"是存在的。

信号存在，我们也才存在。

身在职场，若只蜷缩于自己的小区域，做一个"职场透明人"，坚持不发出信号，大概率就不会被感知。

你工作努力，但没主动汇报，老板无法知道，直接的影响，是加薪升职没份，最坏的可能是工作多年，一直原地打转。

存在主义心理学家罗洛·梅认为，存在感是心理健康的重要标志，存在感缺失会导致无意义感，也会带来价值感缺失。

没有了存在感，很多人就无法建立与外界的联系。长此以往，易影响心理健康，陷入迷茫。

移动通信领域里，有一个专有概念：周期性位置更新。

能使用手机打电话、上网，简单来说，是因为有基站接收、处理你的手机发出的信号（语音、文字、数据），并通过若干基站接续，最终传递到对方的手机。

这里有个核心关键：网络得随时知道，我们的手机都在哪里。

周期性位置更新的设定，规定了手机必须在固定时间内，主动向网络告知自己的位置和状态。

即便所处位置跟之前相比，没有变化，也要定期告诉网络：我还在这里哟。

如果遇到进入信号盲区，或者重新开关机的情况，手机也须在有信号后，第一时间进行位置更新，通报自身情况，确保与网络的实时链接。

如此，我们发起通话时，基站才能知道，第一时间要把信号精准传递到何处。

一个成熟的职场人，同样应该自发地进行"周期性位置更新"。

上级很忙，没工夫每时每刻盯着你，但他们心里，其实都有杆秤。

周期性更新状态，与其说是例行工作汇报，不如说是一种刷新存在感的工作态度。

你在主动向上级传递一个讯息：**我的工作可控，我随时可达。**

可控可达，叫作靠谱。

靠谱，是一个人在职场迅速脱颖而出的重要原因。

做好过程汇报，注意 3 个关键点

如何做好过程汇报，还不至于招老板反感？公子想分享 3 个关键点。

1．频度合适

上文说到的周期性位置更新，有一个专门进行控制的计时器，取值范围从几分钟到数小时。

数值太小，手机频繁与基站联络，会造成网络负荷过大；反之，因更新不及时，导致呼叫成功率下降。

职场的周期性刷存在感也如此。

没事就到上级面前瞎晃悠，或者一两个月才出现一次，都是不恰当的。

具体情况具体操作，要学会找到最适宜自己与上级的频度。

以项目举例，我通常按启动前、执行到一半、快结束前、完结后，4 个时段来做总结，并结合例行周报，向上级汇报。

如果你负责的是相对简单的任务，比如一周内即可完成，或只需你一个人做，那么每天以邮件的形式，给上级提交一份相对正式的进度报告，是比较合适的频度。

2. 信息精准

仍以例行汇报为例，很多人发日、周报，就是套个模板，复制、粘贴。

马东曾讲过一个故事。他在爱奇艺时，是直接向 CEO 龚宇汇报。

龚宇时不时会问他："很早以前你说的那个方案，现在怎样了？你现在的说法，跟以前不一样啊……"

马东很惊讶他的记性怎么那么好，后来才知道，龚宇是清华大学自动控制理论及应用专业的博士，据说懂得 160 多种电子邮件的不常用功能。

他把马东的每一次邮件汇报内容，都做了自动整理和备案归档，便于跟进和对比。

马东感慨地说，例行汇报对老板来说，其实是个留档。

所以，千万别以为只是例行工作，老板也不一定看，就可以敷衍了事。

越是例行，越求信息精准、方案切实。

别什么都刷，也别流于形式。

3. 注意场合

何谓场合思维？在公开场合，说大家都关心的事，在私密场合，说解决自身问题的事。

场合不对，一切白费，结果甚至会适得其反。

例行汇报是一件特别需要场合思维的事。你的心中要有度，什么时候说，什么时候不说。

比方说，老板在批评其他组的同事，就算你们组的阶段性工作取得再好的成绩，也还是应该缓一缓或是用邮件形式告诉老板，这样能避免矛盾；且老板在气头上，如果不是他主动问，又何必上前，万一不小心也惹火烧身呢？

困难、诉求最好私下说，当着全部门人的面，不管不顾张口就提，上级是解决还是不解决呢？

既让自己被充分看见，又要懂得因地制宜，才能真正汇报好，同时获得你想要的结果。

学会认怂后，我成了老板最放心的人

周末跟几个朋友聚会，老莫提了个问题：

"你们觉得，什么样的老板可以叫作好老板？"

大家众说纷纭，有人说肯给钱，有人说能带人成长，有人说人格魅力突出，懂得一视同仁……

老莫笑着摇头：

"你们都对。以前我也这样想。但现在，我有个全新的角度——能及时察觉到你的'极限'，并表示理解的老板，才是值得跟的好老板。"

老莫为人踏实，任劳任怨，一直深得老板器重，但另一方面，他也经常被安排远超其他同事的工作负荷，令其苦不堪言。

前不久，他因压力太大，没控好情绪，冲进办公室，大骂了老板一顿。

那一刻，老莫抱定辞职的心，说的话也比较难听，没给自己留什么后路。

没想到老板听完后很冷静，点点头说：

"我知道了。你的任务的确重了些，我会安排其他人分担掉一部分。"

老莫有点惊愕，老板笑笑说：

"第一次听你爆粗口，这说明，确实到了你能忍受的极限。其实这样挺好的，你如果一直不说，我就一直不知道。"

老莫的故事让我有些感慨，因高强度工作而猝死，或者因压力重最终选择轻生的新闻，屡见不鲜。

一旦发生这样的事，企业肯定负有不可推卸的责任。

只是，若换个角度看，一个老板心再黑，也不会愿意闹出人命。

假如双方事前能做更多沟通，企业和员工都"知己知彼"，也许悲剧就可以避免。

知道自己的极限所在，懂得适度"认怂"的员工，一定会工作得更安全舒心。

3 大症结，让我们不会轻易说出极限所在

现实当中，很多人并不太会轻易说出自己的极限所在。

1. 面子原因

这通常来自盲目的"攀比心理"。

比如一同事天天加班，工作负荷一直极高，还不是生龙活虎?

我可不能被他比下去，不然岂不是被其他同事和老板小瞧！

这就很像去健身房锻炼，你看别人深蹲 120 公斤，自己明明一副小身板，也非得去试一试，不然就觉得丢了面子。

只是这类做法，很大概率是自取其辱，甚至会弄伤自己。

同事天天加班，可能他的工资比你高 3 倍，做的事又正好是他所擅长的，因而动力和成就感十足。

又或许，他特别懂得时间管理，注重劳逸结合，因而能持续输出。

而你，则未必如此。

正确评估自己的能力，不要让所谓的面子蒙蔽了眼睛，是我们开始收获成长的必由之路。

2. 现实压力

对大部分职场人，尤其是中年职场人来说，这可能是最常见也最扎心的原因。

找到一份合适的工作不容易，在大城市扎根不容易，上有老下有小，更不容易。

因此，哪能轻易"撂挑子"？

随时候着要替代你的人多了去了，这的确是事实。也的确存在着只想把你往死里用的老板。但这不是我们持续隐忍直至放任自己走向崩溃的理由。

拼命工作，能让我们更快升职加薪，更加备受重用，但这些都是 0。

没有了最前面那个代表身体的 1，一切终将毫无意义。

职场压力，是"社会压力"，还并不到"生存压力"。

除去生死，人生真的都是小事。

3.社交习惯

什么是社交习惯？

举个例子，傍晚出门散步遇到个邻居，别人跟你打招呼："吃了吗，没吃到我家吃啊？"

要是你非常实诚地回答"没呢"，这就有点难堪了。

毕竟人家也只是随便问问，表达最基本的社交礼仪，并非真存着想请你吃饭的念头。

所以，出于好意和礼貌，不管吃没吃，你的妥帖回答是："吃过啦，谢谢啊。"

很多新人初入公司，会误以为诸如"这些工作，你一个人扛得住吗？"之类的话，是一种社交性质的关心，于是就本能地回应："没事，这算啥。"

偏偏，这就是最大的问题。

在工作场合，同事或上级这样问你，他们更关心的是"你的极限在哪里"，你会不会搞砸这个任务。

如果你明明已经搞不定了，却还非要强撑，属于没搞清楚自己的位置。

哪根稻草会压死骆驼，只有骆驼自己知道

前段时间，杭州小伙逆行被交警拦截后崩溃大哭的视频，上了热搜。

他哭诉的原因，是觉得压力太大。

公司有紧急任务要加班，耽误不得；女朋友又连声催促，让他回来送钥匙。

情急之下，他才无奈选择逆行，谁知被抓了。

这段视频看得很多人泪目，他们仿佛看到了早已不堪重负的自己，因为一点点小事，就轻易地崩溃了。

就像老话说的："压死骆驼的最后一根稻草。"

通常我们在说这句话的时候，出于同情弱者的天性，天然都会站在骆驼的角度：

它好可怜，一直被压迫、压迫，最终承受不住，被压死了。

可如果，你能把自己抽离出来，站在另一个更客观的角度去考虑问题，你会发现，骆驼的主人其实真的有一点点冤。

主人让骆驼拉一次货，肯定是希望它尽量多拉，所以，只要骆驼的状态看起来是 ok 的，他就一定会一直往它身上放东西。

他这样做，初衷并不是为了虐待骆驼，只是出于利益最大化的考量。

而骆驼一直"看起来"不错，就会让他一直不知道真相。导致

最后只是多加了一根稻草，骆驼就死掉了。

它到底能驮多少？到底会死在哪根稻草上？主人心里其实没底。

成年人的世界，我们首先要学会的，是各自负责。

老板为经营业绩、公司存亡、员工薪酬负责，而员工为自己的发展、健康、身心负责。

哪根稻草会压死骆驼，只有骆驼自己知道；你的承受力到什么程度，也只有你自己清楚。

为什么老莫骂了老板却没被开除，原因也正在于此。

他坦白了自己的极限，这个举动，能让老板心里有底，让老板放心。

这的确是个值得跟随的好老板。

注意两个信号，找到自己的"极限"临界点

对一些人来说，最大的问题或许不是不想说出自己的极限，而是一直觉得"我本可以"，根本不知道所谓的"极限"在哪里。

小病小痛，忍一忍就过了，成年人哪有那么矫情？

熬了通宵，第二天找时间补补瞌睡就行，有什么大不了的。

正是这些不经意的"无所谓"，日积月累，最终构成压垮我们的稻草。

就我的个人体会，要找自己的"极限"临界点很简单，注意两个信号即可。

1．身体信号

我有段时间写稿压力极大，写到凌晨三四点是常事。

有一阵子，每到凌晨 1 点左右，我就感觉胸闷气短，脑子也一片混沌，根本写不下去。

随后的白天也是浑浑噩噩，全身乏力，看什么都是灰的，且非常健忘。

我意识到这是个非常严重的问题。

于是当机立断调整为晚上 12 点前必须睡，宁可第二天早一点起床写。情况才逐渐好转。

当你的负荷已经过载，身体一定会发出信号，这个时候，就代表你已经靠近极限。

别尝试对抗，尽快调整，才是最智慧的做法。

2．情绪信号

还是那段时间，我的情绪变得非常易怒。

有时别人只是无心的一句话，都会让我忍不住想要立刻反驳。

几次之后，我的合伙人委婉提醒："你最近好像压力有点大，要不要放个短假，调适一下？"

就像老莫说的，老板为什么第一时间 get 他到了极限？因为一向温和平顺的他，竟完全变了一个人，在老板面前爆了粗口。

当我们惊觉自己的情绪突然迥异于平常时，这就是你到达或将要到达极限的明确信号。

聪明的员工，一定懂得让老板放心

创业 10 余年的前辈杜姐曾对我说：

"我最在意的员工特质，只有 3 个字：放心感。"

什么是放心感？

1. 你做事靠谱，可监控、可量化、可预期。

2. 你能随时让我知道，你的极限在哪里。

真正能让人放心的人，永远不会把自己逼到山穷水尽的地步，也当然不会让自己的老板，时时刻刻都处在这份担心之中。

该说就说，相互信赖。**坦诚极限所在，才是一段雇佣关系里，最好的状态。**

聪明的员工，一定懂得让老板放心。

老板重用我，却给别人升了职

最近接到一个读者的私信留言，特别具有代表性。

"我为人老实，干活踏实，积极主动，从进公司就深得老板信任。一有什么事，他首先就想到我，而我也来者不拒——毕竟，不是什么人都能受重用的。

"但两周前，我们组长调到了别的岗位，他却直接提拔了小李，压根都没想到我！

"职场上，是不是越老实的人越活该受欺负？我该不该立马辞职？"

我想了想问他："老板都安排你干些什么事？"

他如数家珍："很多啊，来了客户帮他们沏茶、为老板挑选送客户的礼物、团建时策划活动搞气氛……"

"你的本职工作是秘书？"

"不，我是个设计师，负责公司的平面设计。我明白你的意思，但老板安排的事情，我也不能不做，是不是？"

我暗暗叹了口气。这位设计师朋友，显然是混淆了"重用"和"顺手用"的概念。

真正的"重用"，是好钢用在刀刃上，人尽其才，物尽其用。

身在职场，懂得甄别什么任务应该抢，什么任务尽量挡，是一个职场人走向成熟的必修课。

没做对事，相比没做，后果更糟

我在前公司时，内部经常说两句话。

第一句是，Do things right（把事做对）。第二句是，Do the right thing（做对的事）。

前者侧重的是能力：你能不能把一件事做好。而后者，侧重的是选择：你该不该做这件事。

就我多年的职场经验来说，**很多时候，选择，比能力更重要。**

我的朋友大沈就曾陷入这样的误区。他是一名项目经理，负责带领团队执行一个难度极高的项目。

项目开始前的誓师宴，大领导喷着酒气，拍拍大沈肩膀说："交给你，我放心，你大胆放手干。"

大沈倍受激励，错把领导的酒话当授权，真的大刀阔斧开始按自己想法实施。

期间，客户多次提出各种超出工作范畴的需求，他也咬牙带领团队，加班加点地满足。

因事情繁杂，某一个计划外的细节点出了问题，客户一气之下，直接打电话投诉给大沈的领导。领导将大沈喊回公司，劈头盖脸就是一顿痛骂。

大沈非常委屈：明明是合同以外的事，自己就是帮客户忙，怎么反倒遭了投诉？

领导听大沈这样辩解，更加生气：签了100万的合同，你私下给客户提供了200万的服务，公司以后怎么跟客户签更高端的服务？

像大沈这样，抱着一种不想辜负领导重用的错觉，不断超额付出，是典型的没做对事。

相比没做，这样是既出力又不讨好，还损害了公司利益，降低了上级信任度，后果更加糟糕。

能者是否该多劳？看多劳是否可"多得"

漫威宇宙里，超级英雄们经常将一句话挂在嘴边：能力越大，责任越大。

身在职场，能者是否该多劳，这绝对是门学问。

我的观点是，这取决于，多劳是否可"多得"。

这里说的多得，主要体现在以下 3 个方面：

1. 有额外奖金激励或涨薪体现；

2. 能树立鲜明人设及口碑；

3. 能触及核心业务，增强个人竞争力。

以上 3 点，第一点显性而直接，无须赘述。后两点则相对隐性，短期内也体现不出来，需要多点耐心。

举个我自己的例子。我刚毕业进第一家公司时，岗位是技术工程师。

我当时的领导看我比较踏实，平时的邮件、工作汇报也比较有条理，就私下征询我意见，是否可负责每次部门开会的会议纪要整理。

表面上看，会议纪要跟我的本职工作不相关，且领导也并没有额外给我报酬的意思，但我还是立刻欣然接受了任务。

不是怕拒绝而得罪领导，而是我第一时间认识到，这件事对我来说是有意义的。

因为要记录，迫使我不得不认真听取每一位参与者的发言，提炼其中精华形成文字，需要补充时，还会专门私下单独虚心请教。这本身就是一次极好的学习过程，也变相加深了我和各个同事的链接。

长期坚持下来，在领导和同事心中，我牢固地树立起了能写作、会沟通、擅总结的人设。

凭此，半年后，我成了新人中第一个被提拔为项目组长的人，之后一年，我做了主管。

我的前辈朱哥深得上级器重，他最大的秘诀是，喜欢主动揽事。

每次有新技术、新产品上线，他都是第一个举手要求参与，哪怕加班加点，暂时没有回报也在所不惜。

久而久之，他成了部门乃至全公司最顶尖的技术专家。

站在自我发展的立场看，多劳若能多得，请务必不要放弃这样的好机会。

临时指派的"边缘"任务，如何职业化界定该不该说 No

当然，不可否认，很多时候我们并没有那么多选择。

老板或上级硬性摊派过来的，极有可能就是那些临时起意的边缘任务，除了消耗精力和时间，于个人积累或发展毫无意义。

这时候，一概生硬拒绝是最没情商的做法，那么，应该如何职业化界定该不该接，或者想拒绝时，如何体面地说 No？

针对该不该接，我建议从 3 个维度考量：

看频次：如果只是偶尔一次，接了就接了，没必要过于斤斤计较。

看复杂度：如果只是举手之劳，而不需要消耗大量精力，可以接。

看对上级的重要性：对上级个人比较重要的事，可选择性接，这样，能增加他对你的印象分。

若跟以上情形相反，该如何体面拒绝，我也提供 3 点建议：

1. 替老板算一笔账

足够聪明的老板心里其实有谱，绝不会安排员工干低效能（比如打扫卫生）这样的事，但不排除确有很多糊涂老板，他们完全没有概念，只管一味安排。

如果你能有理有据地陈述自己为公司贡献的价值，比如你每天能为公司赚 1 万元，老板绝不会安排你干 100 元的事。

2. 延迟满足

每次一安排临时事情，你总能第一时间快速响应，这未必是好事。在老板眼中，可能有另外的解读：你果然很闲啊。

所以，更合适的方式是，适度延迟。

"小刘，你把这个事情赶快弄一下。"

"好的老板。不过我现在手上有个方案特别着急，客户说明天就要。您看我之后给您做好吗？"

像上面这样说，本身代表你在做事，如果老板真的着急，他自然会找别人。

当然，如果你真的无所事事，这招不适用。

3. 主动定期汇报

前两点其实都是治标，最后这点，才是治本。

从老板心态出发，他之所以一有事就找你，无非两个原因：**你好用，你看起来很闲。**

而后者，更为主要。

如果你平时就能做好精细的过程管理，定期主动给老板汇报沟通，让他感觉你总是处在很忙很拼的状态，那些临时起意的事情，他真的不会把你放到首选列表里。

真正被重用，你会显著感觉到提升

知乎上曾有一个问题：受领导重用和被领导利用有什么区别？

最犀利的回答是，**受重用，你会感觉事半功倍，付出后提升特别快；被利用，你会感觉事倍功半，明明付出了很多，还是原地踏步。**

成熟的职场人，除了扎实的业务能力，更该懂得甄别和选择，朝着真正对自我发展有价值的方向去努力。

能者多劳，多劳多得。

"小马云"被解雇：持续成功者，从不信捷径

颜值即正义的当下，经常会有人问一个问题：成功和长相，有没有必然关系？

马云告诉我们，没有。

前阵子，一个叫范小勤，被称为"小马云"的孩子，被"解雇"了。事件引发了网友们的热议。

2016年初，江西儿童范小勤因一组酷似马云的照片走红。经纪公司闻风而至。

范父认为，孩子因长相酷似马云，备受追捧是天降的好事，这是一条改变全家命运的捷径。他在经纪合同上签了字。

之后，范小勤便有了个新名字："小马云"。

最初，"小马云"在聚光灯下，迷茫又木讷。

两年后，他开始适应新的生活，有网友爆料称，他出门"配着保镖和美女秘书"，一开口"满是社会味儿"！

随着马云"退休"，"小马云"生活富足，身子变胖，渐渐不那么像马云。

经纪公司发现，无法再从这个娃娃身上榨取流量，最终和他解了约。

不知范父是否有过一丝悔恨？在先前的各种场合，他甚至多次提及，"只要能赚钱的事，我们就干"。

儿子天生长了一张酷似马云的脸，被范家人过度依赖、消费，甚至视为生命中重要的事。

是他们，变相加速了"小马云"的陨落。

人生如同道路，最近的捷径通常是最坏的路。

时代飞速发展，**那些能持续成功的人，从不信这世上有捷径可走。**

指望运气，终会败光

这样的事例层出不穷：彩票意外中奖，从此耽于享乐，不出几年，生活反倒大不如前。

美国国家经济研究局调查发现：20 年来，欧美彩票头奖的得主，在 5 年之内，破产率高达 75%。

2008 年，普通打工仔张某大乐透中奖 1013 万。

出人意料的是，他不但没有好好安排获奖后的生活，还将所有奖金，包括以前的存款、房车变卖后的钱，都全部拿来再次买彩票，期望能中更大奖。

短短 8 个月，钱一分不剩。随后，张某又分别向 15 位同学、朋友骗取借款 236.5 万元。

再次血本无归后，张某潜逃，在 4 年后落网，被判处有期徒刑 12 年，并处罚金 240 万。

我有个朋友老张，生活在三线城市，因城中村拆迁获赔 200 万，当即辞了工作，出国玩了一圈，回来后又沉溺于赌博。

不出半年，赔款花光，欠几十万网贷，入了征信黑名单。

明明一手好牌，终究打得稀烂。

天降横财，幻想从此不劳而获，即便锦鲤附体，你此时的运气也将不再是运气，只是阻碍你前进的诅咒。

千万别像那寓言中的猎人，一朝遇到一只倒霉兔子，就心心念念地守在木桩前，从此只想靠运气活着。

偶尔撞大运，未付诸心力，不懂珍惜，最终好运一定会败光。

笃信捷径，成就终究有限

《奇葩说》里有一句话：你可以一天整成范冰冰，却没法一天读成林徽因。

2016 年，参加超女前，何承熹花了 8 年时间，将自己整容成范冰冰，相似度几近 99%。

然而，把整容当捷径的她，在人们心中始终不过是一个"博出位"的人。

她最后也并没有如所想的那样，大红大紫。只是靠拍拍网大而活，收成有限。

真正能获得大成就的人，从来不走捷径。

华人娱乐圈里，刘德华一直是神一样的存在。明明生着一张无可挑剔的帅脸，却从未停滞不前靠脸吃饭。

在粉丝心中，他不仅仅是影视歌三栖巨星，还是时代精神的象征。

论演技，他可能比不过梁朝伟；论唱歌，他可能及不上张学友。但出道 30 年，他一直不曾过气，靠的是够拼二字。

2006 年拍电影《墨攻》，他从 5 层多高的城楼飞下，左脚受伤。为了不耽误拍摄，忍到第二天拍戏结束，才告诉工作人员。

之后拍《投名状》，也因太过投入，小拇指被铁链缠住，拉至骨折，他同样强忍着拍完了戏。

拍摄《夏日福星》时，不小心从楼上摔下，经过短短两个星期的治疗，他就重回剧组，亲自上场完成该组镜头。

2018 年底，在第 14 场演唱会上，刘德华因喉咙发炎，唱了三首歌后，取消演出。

他在现场哭着向观众鞠躬道歉。

人生无非就是赤脚行走，有鲜花草地，也有玻璃荆棘，唯独没有捷径。

不笃信捷径，始终踏实拼搏，不断奉献好作品给观众，这个 57 岁依然如此拼的帅男人，活该红一辈子。

真正的机会来临时，怎样才能接得住？

哈佛大学曾有一项调查报告声称：

人平均一辈子有 7 次，决定人生走向的机会。

两次机会间隔约 7 年，大概 25 岁后开始出现。

对普通人来说，该如何才能牢牢抓住改变自己命运的机会？我想和你分享 3 点个人思索。

1. 打造独有的核心竞争力

一个人能被别人记住，一定不是拾人牙慧、步人后尘，而是他的独一无二。

周星驰早年入行，自知帅不过刘德华，演不过梁朝伟，他给自己找到的突破口和鲜明标签是：以无厘头喜剧的形式，聚焦小人物的悲欢。

最终，他成了华语影坛最知名的喜剧演员，之后又成为最具票房号召力的华语电影导演之一。

新加入一个圈子，当你清晰找到自己独树一帜之处，便是你立起人设，脱颖而出之时。

2. 顺势而为，借势而起

雷军曾说，顺势而为。

顺，可以是借助一个品牌或热点事件，见缝插针宣扬自己，不断扩散自身影响力。

最典型的例子，当属杜蕾斯文案。去年蹭电影《复仇者联盟3》的热点，杜蕾斯就连发两条微博：

上映前：不论何时开战，我都在第一线。

上映当日：放心，不透。

前段时间奔驰漏油事件，杜蕾斯也立马跟进：

他们漏，我们不漏。

这里有两个关键点：

其一，你自己得有料，才可能真正借势而起；

其二，不是什么势都能借，一定得找到与自己调性匹配的，才能扩大正向影响。

比如，杜蕾斯和喜茶的联名宣传，就翻车了。

2019 年 4 月 19 日，杜蕾斯官微发博 @ 喜茶：

Hi，还得第二次约会，我对你说"你的第一口最珍贵"？

此借势之举，引发网友极大不适，纷纷表示：

"再也无法正视奶茶。"

"对奶茶有了生理性恶心。"

这就叫调性不匹配，尺度没把好，最终适得其反。

3. 培养复利思维，持续输出价值

巴菲特始终强调复利的重要性。

对我们普通人而言，更需要做的，是在充分理解复利的基础上，埋头苦干。

比如，同样写一篇文章，如果你仅是发表在一个平台就完事，而我多平台分发，且将核心观点提炼出来形成课程，最后还把它放进了我的书里，那么显而易见，我充分运用了复利思维，得到多次产出。

复利思维，决定了我们的工作效能；持续输出，则关乎我们的积累和口碑。

二者合在一起，才能加速成功的步伐。

安娜·昆德兰说，生命是一个从生到死的过程，如果我们活着的目的只是为了探寻捷径，那么生下来就死，无疑是最快捷的路程。

如果这样，你的人生又有何意义？

成功路上，没有任何捷径和技巧，自以为是的捷径，最终都是弯路。

唯一能够到达终点的秘诀：永不放弃，笔直向前！

你越会取悦自己，便越能掌控人生

2015 年离职那天，我特意穿了和入职当日一样的正装。

我希望这一刻能有些仪式感。

离职申请表在一个月前就提交了，工作交接在几天前已完成。我从胸前摘下工卡，放在曾经的办公桌上，最后看了它一眼。

照片上的我穿着格子衬衫，表情刻板严肃，和大部分人无甚区别。名字位于照片下方，但一眼看去能留下印象的，还是由 8 位数字组成的工号。

全公司和我同名的有 5 个人，在系统里做任何查询，或者别人给我发邮件，输入工号才是更高效准确的做法。

23150674，在这间超过 17 万人的"巨无霸"公司里，我和别人唯一的不同，只有这个号码了。

好几个相熟的同事多次好心劝我："你真的想好了么？拿着几十万的薪水，管着上百人的团队，做着不算复杂的工作，还不知足？"

这个问题，我确实思索过大半年。其实不是不知足，而是另外3个字：

不甘心。

我是不少人眼中所谓的"社会精英"，可这个标签，现在连我自己都忍不住质疑。

我能清楚看见自己三五年后的模样，感受日复一日褪去的激情，对每一个明天都不再抱有任何新奇的期待。

这让我迷茫，迷茫不是精英该有的样子。

人活一世，不过3万天。与其讨好世界，不如取悦自己。

我最后一次走出公司大门，头顶阳光耀眼，我的心重新开始澎湃。

刚入职时，领导问我对职业发展有什么规划？我说："希望我所从事的工作，能让自己不断成长。"

我是有过这样的时刻的：精力仿佛无穷无尽，再多的挑战也甘之如饴；在会议室给领导或客户讲方案，哪怕时间再久，我也能看到投影中自己闪闪发亮的眼睛。

但后来，除却具体做事和精进专业技能，我更多时候在强撑。

我不爱热闹、不喜逢迎、不肯委曲求全，项目经理的身份却要求我把自己塑造成截然相反的人设。

我的工作，对内要管控成本与进度，疏通销售、产品和服务等部门的鸿沟，使之聚焦目标精诚合作，确保结果输出；对外要引导客户、维护满意度，最终确保项目顺利验收拿到回款。

最核心的能力，是链接所有可用资源为己（项目）所用，最终确保既定目标顺利达成。

这需要卓越的沟通、八面玲珑的性格及一丝不苟地严格执行。

前两点，对性格硬直的我来说，并不容易。多年历练，才让我做到自如伪装，收敛天性，尽可能呈现无可挑剔的职业面孔。

2012年我到M城，接替屡被内外部投诉的老项目经理老罗的工作。

老罗第一时间带我进入会议室，反手关门，第一句话是："这间办公室除我之外，其他人的话你最好都别信，他们都不是好人。"

次日，办公室里的销售开车带我见客户，路上不经意对我说："老罗是不是找你谈过话？他说什么你都别信，他不是好人。"

我当时很惊诧，我不是不知道办公室争斗，但没想过有一天会落到自己头上。

很明显，他俩在让我选边站队。

按照我的性格，会主动避开这些是非，但从工作层面讲：第一，我必须跟老罗顺利完成交接；第二，后续项目执行，我跟这个销售还有诸多配合协作。

明确站老罗，销售那里一定埋隐患；站销售，老罗交接时会不会给我故意留坑？

我思索良久，最后没有站队。无论对老罗或销售，我都始终和和气气，不评论、不妄议，任何关键性的进展交互，都一定刻意留下邮件、信息等文字记录，最终顺利交接，销售也没留话柄。

在多次经历类似的事情后，我开始明白这本是正常的职场现象。

我越来越娴熟地适应与面对，以职业化的方式拆解危机，但过程中的如履薄冰根本无法道给人知。

2014 年的一个深夜，我被一阵急促的电话声吵醒。

话筒中传来我上级急促而恼怒的声音，他告诉我："快去客户现场，出事了。"

打车路上，我快速弄清了状况：

客户让我方技术负责人大刘对网络实施一个冒进方案，大刘直觉有风险，让客户发邮件授权。客户不肯，反以投诉为要挟，大刘最终妥协。

方案一实施，网络果然出问题，影响区域涉及当地一家权威媒体，导致对方新闻稿滞后了 2 小时才发出，失了先机。

媒体震怒，直接投诉客户所在运营商的集团公司，现在集团公司追责，需立即确定事件首要责任人。

大刘涕泪交加，赌咒发誓说是客户让他做的。客户说："你有什么证据？"

我和我上级与客户高层协商，高层看着我们笑笑说："今年合同好像还没签，你们知道该怎么办的吧？"

我和上级单独在会议室争了一个小时，最后他说服了我。

他说，总得有个人背锅，大刘是直接操作者，首当其冲。这代价也是最小的。客户还得卖咱个人情，接下来合同会好谈。

若依我性子，我几乎想一把抓住客户领口，质问他为何敢做不敢当。可我知道，这已是当前唯一可行的解决方案，总得有个人背锅。

我只是忘不了处罚决议宣布时，大刘望向我们那无助又愤恨的眼神。他很快递交了辞呈，拒绝了所有人的送别。

那一刻，我觉得我们和那个客户没有区别。客户为了自保，我们为了取悦客户，彼此都龌龊不堪。

成年人只看利弊，小孩才分爱憎与对错。

所以成长，是否注定意味着收敛天性、磨平棱角、言不由衷？

我懂得，我适应，可我越来越不喜欢。

这大约是我萌生退意的缘起。

如果收敛天性是成年人必经的功课，那坦然接受，选择离开，重新释放天性，能否称得上是一种勇敢？

有关裸辞跨界的心理建设，我给自己做了很久。

放弃既得利益不是件容易的事，对我来说，这包括稳定的高薪、良好的福利、多年经营的圈子、500强的光环及由此附加给我的声望。

而另一边是什么呢？是我想把业余写作爱好当谋生手段的"妄念"。

这是一段完全归零重来的全新旅程。

不止一个人劝过我："你这想法太天真。跨行穷三年，永远别以自己的爱好，挑战别人的饭碗。"

这话确有道理，可我仍想试试，为自己多年未曾中断的爱好，认真买一次单。

但在第一个潜在大客户那儿，我就遭了白眼。

那是一家当地颇有名气的珠宝公司，他们想做文案策划与品牌宣传。我信心满满找上门，聊了没两句对方直接说："还是别浪费双方时间了，我们要的，你方做不了。"

我现在回想，这家客户还算蛮客气，至少让我进门还请我喝了茶。毕竟当时的我一无作品二无资历三无行业积累，自然无人待见。

灰溜溜出门时，我唯一的体会是，若想有和别人平等对话的权利，你自身得先有相应的实力。否则即便机会来了，一样接不住。

刚跨界的我，就是个三无产品。

我既往的资历无法为我提供任何背书，要获得客户与订单，我得先证明自己。

现在的我没了500强平台光环，但好处是我也不必再听命于谁。我可以自主选择客户、平台、工作方式，一切都可以按照自己的节奏和喜好来。

这让我突然还有些小兴奋，自由的空气扑面而来，我好像这辈子都没对自己这样慷慨过。

我迫不及待开始着手两件事：第一是仔细想想先前所学到底有什么是可以移植的，第二是迅速在新领域扩张自己的影响力。

别说，第一件还真让我想到了。我用项目经理的"搭台子"式思维构建了一部长篇玄幻小说，2017 年还应邀去杭州专门做过一次线下分享。

第二件事实际要更难一些，换个说法叫：如何快速打造一个素人作者的个人 IP。

必须要感谢自媒体时代，它的兴起让这个过程客观上缩短了很多。付诸同样的努力，自媒体作者崛起的速度远快于传统纸媒写手。

我选择的第一个平台是今日头条，连续日更半年后，斩获了千万阅读。

今日头条最大的好处在于曝光量足够大，且因为是内容推荐机制，只要内容足够好，新作者也能获得单篇百万点击。当然其劣势也显而易见，粉丝太杂且良莠不齐，并不利于品牌沉淀。

其后我转战简书，3 个月拿下故事类签约作者，也收获了我真正的第一波忠实粉丝，之后签约每天读点故事、接定制商业故事、人物传记、品牌策划，渐渐主动找到我的商业机会开始多了起来。

我仿佛重新看到多年前回答我领导提问时的模样：我希望所从事的工作，能让自己不断成长。

如果成长的代价包含着收敛天性，那我想，**更好地成长应该是**

遵从内心，牢牢把控生活的节奏。

我很欣慰，我现在似乎重拾了这种成长。

裸辞跨界，带给我最大的变化是心态。

作为"社会精英"，曾经在意的是别人的目光，为讨好世界而活；而跨界之后，我渐渐开始学会去取悦自己。

人生 3 万天，不过是一段终点明确、路途未知的旅程。精英的道路，稳妥、平坦、一马平川；我现在的道路，或许崎岖、泥泞、荆棘丛生，但它也因为未知而变得有趣。

3 年来，我累计读了几百本书，写下了超过 300 万的文字。

我不断修正着自己的方向，从最初的长篇小说、短篇小说、商业故事、写作经验、人物传记到现在专注做职场分享，帮助更多人成长，不断摸索，不断否定，再开始新一轮地摸索。

我曾有过多个卡文到吐、连续失眠的夜晚。现在的工作让我付出的心力，比在前公司最忙时还要多。

但当我无数次问自己，这就是我爱做的事情，想过的生活么？每次我都会很快回答：

是。

我带着哺育孩子的心情，一篇篇打磨自己的作品，每一篇新作出炉，便宛如一次新生。这是一种从未有过的奇妙感觉，让我始终迷恋不已。

所以，真正的取悦自己，从来不该只停留在勇气或想象。行动力才是成长给的最好功课。

现在，我无时无刻不在提醒自己：基础薄弱，野路子出身，眼界狭窄……你注定要比别人多倍努力。毕竟你将来要对标的，是专业的科班选手。

听过一句话：未来的时代，是一个彰显个性的时代，是一个大多数人都会努力尝试，把自己的才华当饭吃的时代。

对我来说，这个时代已经到来。我愿用余生全心拥抱它，并以此，作为取悦自己最好的方式。